Distánciate

Distánciate

Gana perspectiva para pensar con claridad y tomar mejores decisiones

L. DAVID MARQUET
MICHAEL A. GILLESPIE

Traducción de
Teresa Jarrín Rodríguez

CONECTA

Título original: *Distancing*

Primera edición: febrero de 2026

© 2025, Louis David Marquet y Michael A. Gillespie
Publicado por acuerdo con Portfolio, un sello de Penguin Publishing Group, una división de Penguin Random House LLC
© 2026, Penguin Random House Grupo Editorial, S. A. U.
Travessera de Gràcia, 47-49. 08021 Barcelona
© 2026, Teresa Jarrín Rodríguez, por la traducción

Printed in Spain – Impreso en España

ISBN: 978-84-18053-96-2
Depósito legal: B-21.477-2025

Compuesto en M. I. Maquetación, S. L.

Impreso en Black Print CPI Ibérica
Sant Andreu de la Barca (Barcelona)

CN 5 3 9 6 2

*A todos aquellos que se esfuerzan por tomar
mejores decisiones para mejorar el mundo,
reinventarse, cuestionar el* statu quo
o vivir con más plenitud

Índice

Prólogo

En mi trabajo con directivos de distintos sectores, hay una verdad que destaca: la calidad de las decisiones determina la de los resultados. En mi obra *La toma de decisiones adecuada*, ahondé en el arte de generar claridad a la hora de adoptar decisiones de alto nivel. Lo que emergió como tema central es que la claridad requiere otras cosas además de información. Exige la capacidad de dar un paso atrás para distanciarse de las emociones, los sesgos y los ruidos que nublan el juicio. Esta separación es necesaria para que las elecciones de los líderes concuerden con sus valores de base y sus objetivos a largo plazo. Por eso me entusiasma la publicación de *Distánciate*, una obra que no solo profundiza en este entendimiento, sino que también proporciona un marco muy sólido para ponerlo en práctica.

David Marquet y Michael Gillespie han elaborado un libro que nos interpela para que pensemos de manera distinta sobre la toma de decisiones y el liderazgo. La obra, que bebe de la transformadora experiencia de liderazgo de David a bordo del USS Santa Fe, relatada en su libro *¡Cambia el barco de rumbo!*, y de los profundos conocimientos de Mike sobre psicología del trabajo, ofrece un conjunto de herramientas muy eficaces para adoptar de manera consciente la necesaria distancia psicológica que permita dejar a un lado los sesgos y las presiones que a menudo se adueñan de nuestro pensamiento. Los autores muestran que determinadas tácticas, como ponerse en la piel de otra persona y analizar un problema con perspectiva, o imaginar nuestro yo del futuro, sirven para alzarse por encima del ruido y pensar con mayor claridad, liderar de un modo más efectivo y tomar decisiones con confianza.

Lo que me gusta de este libro

Lo primero que destacaría es su carácter práctico. El concepto de distanciamiento podría parecer algo abstracto en un principio, pero los autores lo llevan al terreno de lo concreto mediante la explicación de recursos funcionales y la aportación de ejemplos del mundo real. David y Mike demuestran que el distanciamiento logra que los líderes se replanteen los problemas, lo que les permite hacer una pausa, reflexionar y tomar medidas sensatas que estén en consonancia con sus valores fundamentales. Así evitan las decisiones apresuradas y en caliente.

En segundo lugar, uno de los aspectos más interesantes de este libro es que hace hincapié en el liderazgo en entornos complejos y de alto nivel. Como directora ejecutiva de una empresa pública, he tenido que afrontar decisiones difíciles que podían salvarla o condenarla. En mis conversaciones con ejecutivos, siempre oía la misma preocupación: que con solo un par de decisiones clave es posible cambiar por completo la trayectoria de una compañía. David y Mike proporcionan una hoja de ruta para garantizar que esas decisiones clave sean correctas, es decir, meditadas, ponderadas y encaminadas a alcanzar el éxito a largo plazo. Los autores nos muestran que el distanciamiento permite que los líderes se alcen sobre las presiones inmediatas para ver un panorama más amplio, lo que les aporta claridad ante situaciones complejas.

En tercer lugar, las reflexiones del libro son muy oportunas y tienen una enorme trascendencia en la coyuntura actual, en la que nos vemos inundados de información y exigencias de todo tipo. Aunque se espera que los líderes piensen deprisa, la velocidad de la vida moderna sacrifica la sensatez a menudo. Este libro ofrece un remedio: aminorar el ritmo a fin de crear un espacio para la reflexión y la profundidad del pensamiento. Como argumentan los autores, la pausa no es una interrupción, sino una herramienta muy potente que proporciona claridad y permite el despliegue de la creatividad.

Por qué leer este libro

¡Este libro es para todo el mundo! No se trata solo de una guía: es una invitación a que te replantees cómo piensas. Ofrece algo más que conocimientos: aporta historias donde se aplican los principios teóricos a la práctica y que van desde lo que puede ocurrir en la sala de control de un submarino nuclear o la sala de juntas de una gran corporación hasta lo que sucede en la vida cotidiana de cualquier persona. La capacidad de David y Mike de entrelazar la teoría y la práctica convierte esta obra en una lectura edificante para todos los públicos.

Distánciate cambiará el modo en que abordas la toma de decisiones y el liderazgo. Te equipará para afrontar sus complejidades con una confianza renovada. En estas páginas descubrirás herramientas que harán más nítido tu enfoque, ampliarán tu punto de vista y te permitirán tomar unas resoluciones más efectivas.

David Marquet y Michael Gillespie han marcado un rumbo nuevo y audaz para los responsables de tomar decisiones. Si estás dispuesto a liderar con claridad, desarrollar ideas valientes y decidir con confianza, este libro será tu guía. Te animo a que te embarques en este viaje con curiosidad y apertura de miras. Las destrezas que adquirirás no solo transformarán tu liderazgo, sino también la vida de las personas que se ven afectadas por tus decisiones.

Asumamos el reto de tomar mejores decisiones: por nosotros mismos, por nuestras organizaciones y por nuestro mundo.

LUDA KOPEIKINA,
autora de *The Right Decision Every Time*
Boca Ratón, Florida

Introducción

«Sé tú mismo. Vive en el aquí y ahora. Vive el momento». Oímos este consejo una y otra vez tanto en los medios como de boca de expertos, gurús del desarrollo personal y amigos y familiares bienintencionados. Hoy en día se considera que tenemos que esforzarnos por «estar presentes», por vivir en ese estado en todo momento. Parece un buen consejo. Es lógico querer estar presente —física, mental y emocionalmente— durante la ceremonia de graduación de nuestro hijo o mientras trabajamos en un proyecto importante o disfrutamos de las vistas tras alcanzar la cima de una montaña.

Sin embargo, a veces estamos demasiado sumidos en nuestro «aquí y ahora», demasiado trabados en nuestro propio punto de vista. Cuando alguien dice que ha «reaccionado por impulso» o «que se ha dejado llevar por el momento», la connotación no es positiva. De hecho, suele indicar que ha actuado contra su propio interés y que ha tomado decisiones que causarán que se arrepienta más adelante. Curiosamente, nos resulta más fácil ver esta circunstancia en otras personas que en nosotros mismos. Lo cierto es que «estar presentes» no es la panacea, sobre todo en lo tocante a la toma de decisiones.

Cuando estamos nerviosos, cuando nos estresamos o cuando nos sentimos amenazados, nos encerramos más en nosotros mismos, en una sensación claustrofóbica del aquí y ahora que estrecha nuestro campo de visión y que filtra y distorsiona lo que vemos. Así se refuerzan nuestras creencias previas. Los árboles no nos dejan ver el bosque. Este punto de vista limitado aplica a las decisiones que tomamos un sesgo que solo conduce a que nos sintamos bien con nosotros mismos, lo que entorpece la capacidad de sopesar con claridad los distintos factores y restringe la gama de opciones que creemos tener; de este modo, cuando decidimos, lo hacemos muy influidos por la necesidad de defender el ego. A veces nos quedamos paralizados. Mantenemos el mismo estado de cosas y perdemos fantásticas oportunidades de crecer, cosa de la que luego nos arrepentimos.

Vivimos instalados en este ensimismamiento y esta realidad distorsionada, convencidos de que lo que vemos y sentimos y lo que queremos hacer es lo mejor. Este ensimismamiento es, por naturaleza, nuestro estado por defecto. Vivimos demasiado centrados en nosotros mismos. El ego, los sesgos y las emociones son demasiado fuertes. Nos ciegan a la hora de decidir y nos empujan hacia lo que nos resulta más cómodo. Asimismo, nos llevan a favorecer las decisiones que nos hacen quedar bien y que validan nuestros actos y elecciones anteriores, pues lo contrario significaría que estábamos equivocados. Esta actitud no solo da como resultado decisiones poco acertadas, sino que también hace que rindamos mucho peor y, si no ponemos remedio, impide que vivamos con plenitud. También puede conducirnos al desastre.

David, excapitán de un submarino nuclear, atesora una experiencia considerable en el liderazgo de estructuras de mando y control. En su primer libro, *¡Cambia el barco de rumbo!*, contó la historia de la transformación radical que se operó en el USS Santa Fe, un submarino nuclear con pésimos resultados tras las inspecciones reglamentarias y una tripulación desanimada.[1] Mediante pasos pequeños, un cambio de lenguaje y la potente combinación de comunicación y descentralización en la toma de decisiones, la tripulación logró la máxima puntuación en la historia de la Marina estadounidense por operar un submarino, lo que supuso una considerable inyección de ánimo. Todos los marineros cualificados, treinta y tres, volvieron a alistarse el año siguiente. Los oficiales permanecieron en la Marina y dos de ellos retiraron la renuncia que habían presentado. Los logros más significativos se dieron después de que David dejara su puesto. La nave siguió obteniendo un número desproporcionado de premios y diez de sus oficiales acabaron capitaneando submarinos a su vez, algo fuera de lo común.

David empezó a dar conferencias en empresas de todo el mundo (visitó todos los continentes, salvo la Antártida). Estas organizaciones querían dejar atrás el modelo basado en el binomio líder-subordinados para convertirse en estructuras de liderazgo compartido en las que el principio rector fuera conceder autoridad a quienes tenían la información, en lugar de conceder la información a quienes tenían la autoridad. Este enfoque permitía a los equipos trabajar con un alto nivel de exigencia y una autonomía significativa, al tiempo que lograban un rendimiento de primer orden.

En su segundo libro, *Leadership is Language*, David exploró la diferencia entre el lenguaje de la era industrial, con el que nos han programado y que nos atrapa en una mentalidad de subordinados, y un lenguaje basado en la intención, que nos invita a pensar como líderes y a tomar decisiones.[2] Este enfoque basado en la intención hace hincapié en que debemos articular nuestros propósitos (ante nosotros mismos y ante quienes nos rodean), lo que genera un sesgo en favor de la acción; al mismo tiempo, invitamos a los demás a que aporten su punto de vista y fomentamos la comunicación.

Sin embargo, su obra aún no estaba completa. En el Santa Fe, la clave era que la gente tomara decisiones, pero, por supuesto, estas tenían que ser acertadas y sensatas. David veía que, a menudo, los oficiales se entorpecían a sí mismos. Y no era por falta de información, por ambigüedad o por incertidumbre, aunque es cierto que esos factores tendían a generar estados mentales que no ayudaban en nada, sino más bien por un ensimismamiento que les impedía ver las respuestas obvias. Si David hacía algunas preguntas, como «¿Qué harías si estuvieras en mi lugar?» o «¿Qué crees que tu yo de dentro de seis meses querría que hicieras hoy?», los oficiales veían claramente la respuesta y tomaban mejores decisiones. En gran medida, los clientes de David se interesaron por la manera de mejorar la toma de decisiones mediante este replanteamiento.

Mike había dedicado muchos años a la investigación y la práctica de la toma de decisiones y a la generación de culturas empresariales efectivas. Sus reflexiones sobre el asunto llegaron al conocimiento de David a través de un artículo publicado en el *Wall Street Journal*.[3] Mike, profesor de psicología del trabajo de la Universidad del Sur de Florida, dirigía un programa sobre pensamiento crítico aplicado a las organizaciones en el campus de Sarasota-Manatee e impartía talleres para empresas, organismos públicos y entidades sin ánimo de lucro. Los participantes querían saber cómo tomar mejores decisiones en tiempo real y ayudar a otros a hacer lo mismo.

David y Mike descubrieron que estaban intentando resolver el mismo problema: cómo ayudar a que la gente alcance la claridad necesaria para tomar decisiones acertadas que puedan mejorar su vida y ayudar a las organizaciones donde trabajan. Este libro es el resultado de su colaboración, y en él ofrecen una solución tan sencilla como efectiva.

Si estar sumidos en nosotros mismos es nuestro estado por defecto, y dicho estado distorsiona nuestra visión de la realidad y nos lleva a tomar malas decisiones, entonces tenemos que elegir de manera deliberada salir de ese ensimismamiento y adoptar un punto de vista distanciado. Necesitamos despojarnos de nuestras maneras típicas de pensar, de la tendencia a adoptar ópticas estrechas y de nuestra visión sesgada del mundo. A fin de decidir qué hacer, tenemos que alejarnos del problema y apartarnos de la situación para mirarla de manera objetiva (igual que haría un consejero o coach). La distancia nos da la perspectiva necesaria y nos permite replantear la situación y el modo en que la procesamos mentalmente, con el objeto de tomar mejores decisiones tanto para nosotros mismos como para nuestras organizaciones. Cuando estamos sumidos en nosotros mismos, somos nuestro yo pragmático en una situación concreta. Sin embargo, cuando nos distanciamos, somos nuestro yo ideal y podemos comprender mejor qué decisiones están más en consonancia con nuestros valores.

Pero ¿cómo conseguimos esto? ¿Cómo escapamos de nosotros mismos? Gracias al inmenso poder de la creatividad y la imaginación, tenemos la oportunidad de ver el mundo desde la perspectiva de otros. En el libro explicaremos una técnica mental llamada **distanciamiento psicológico**, que te permitirá salir de tu aquí y ahora. Sobre la base de convincentes investigaciones científicas, explicaremos por qué funciona tan bien y mostraremos tres modos de hacerlo: distanciamiento de uno mismo, distanciamiento espacial y distanciamiento temporal. En primer lugar, podemos **ser otra persona**, ponernos en el lugar de otro, lo que activará el punto de vista externo de un observador neutral. En segundo lugar, podemos **estar en otro lugar**, es decir, podemos alejar el zoom y vernos desde lejos, como una persona más que forma parte de un contexto mayor. En tercer lugar, podemos **estar en otro tiempo**, imaginar a nuestro yo del futuro pensando en lo que le habría gustado que hiciésemos hoy. En todos los casos, la sensación es como la de pulsar un interruptor. Al recolocar nuestra óptica mental, vemos de repente cosas que antes no habíamos advertido, y podemos aconsejarnos a nosotros mismos desde esa perspectiva distanciada. La respuesta suele aparecer de manera instantánea y resultar obvia. Este replanteamiento inmediato de cómo te ves a ti mismo y cómo ves tu situación mejorará radicalmente la calidad de las decisiones que tomes.

Al ver a lo largo de los años lo efectivo y potente que era el distanciamiento en nuestra propia vida —como un superpoder que no sabíamos que teníamos—, empezamos a enseñar esta técnica a nuestros clientes y a nuestros alumnos. Ellos también se beneficiaron y alcanzaron momentos profundos de revelación que los llevaron a tomar mejores decisiones, cosechar resultados óptimos y disfrutar de una vida más plena. En el libro contamos algunas de estas historias, así como casos de empresas, y proponemos ejercicios muy útiles que te ayudarán a poner en práctica esta técnica tan transformadora.

Antes de empezar, hay que tener en cuenta varias cosas importantes. El distanciamiento no es solo considerar el punto de vista de los demás al tomar decisiones, o pensar en cómo afectará a nuestro yo futuro un acto que realicemos en el presente. Dar solo estos pasos, por muy meritorios que sean, sería quedarse a medias, porque la perspectiva seguirá siendo la misma: estaremos echando la mirada hacia delante, pero sin salir del punto de vista centrado en nosotros mismos.

Estar centrado en uno mismo es el estado por defecto desde el que vemos el mundo. No es lo mismo que el egotismo, aunque, cuando nos encontramos en ese estado, es más probable caer en actitudes egotistas, como ponernos a la defensiva, sentir vergüenza o tener fijación con la imagen que proyectamos. Podemos comparar la relación entre este estado y el ego con la que tienen el oxígeno y el fuego. Cuanto más sumidos estemos en nosotros mismos (oxígeno), más arderá el ego (fuego). La solución para reducir los comportamientos egotistas es reducir el oxígeno, es decir, estar menos centrados en nosotros mismos.

Estar centrado en uno mismo no es una situación extrema, sino normal y cotidiana. Nos encontramos en ella la mayor parte del tiempo. Es como respirar, algo en lo que apenas nos fijamos, aunque podemos ser plenamente conscientes de que lo hacemos mientras practicamos ejercicio, yoga o meditación. A pesar de que dediquemos a estas actividades solo unos minutos al día, los beneficios pueden acumularse a lo largo de la vida. De modo similar, podemos activar un estado de distanciamiento de nosotros mismos durante un periodo breve para mirar el mundo con otros ojos, ver la realidad con mayor claridad, desarrollar una nueva perspectiva y tomar una decisión más acertada. No obstante, para ejecutar esa decisión, necesitamos volver al estado normal, centrado en nosotros mismos. Y, al igual que sucede con los efectos de la respiración con atención plena, los beneficios de practicar el distanciamiento con regularidad también se acumulan a lo largo del tiempo.

Veamos ahora cómo se desarrollaría todo esto en una situación de vida o muerte, a bordo del vuelo 214 de Asiana Airlines con el capitán Lee.

Dos perspectivas

1

El yo centrado en sí mismo

> Nos vemos a nosotros mismos y a nuestro
> mundo a través de los ojos del ego, por lo
> que las percepciones suelen estar sesgadas
> de tal modo que salgamos favorecidos.
>
> Profesor Mark Leary

Sábado, 6 de julio de 2013. Esa mañana el cielo estaba despejado y había una visibilidad ilimitada sobre el norte de California. El trayecto de once horas entre Seúl y San Francisco estaba llegando a su fin, y la tripulación y los pasajeros del vuelo 214 de Asiana disfrutaban de las amplias vistas diurnas de la bahía de San Francisco, el perfil de la ciudad y el puente Golden Gate. El Boeing 777 iba casi lleno, con 291 pasajeros, doce auxiliares de vuelo y cuatro miembros de la tripulación; en total, 307 personas.[1]

En la cabina, ocupaba el asiento de piloto el capitán Lee Kang-Kuk, de cuarenta y cinco años. Lee era un piloto experimentado y prudente, con casi diez mil horas de vuelo realizadas en distintas aeronaves. Había ido subiendo en el escalafón de Asiana, primero a capitán de Boeing 737 en 2005 y luego de Airbus A320 en 2007. En 2013, seis años más tarde, iba a ascender a capitán de Boeing 777, una aeronave mayor que las anteriores. En los últimos meses había realizado una formación inicial con simuladores y acumulaba treinta y tres horas de vuelo en el 777. Este trayecto en concreto era una evaluación para obtener una acreditación formal, bajo la supervisión de un piloto con más experiencia.

Ese día, el sistema de aterrizaje electrónico del Aeropuerto Internacional de San Francisco (SFO) estaba fuera de servicio por obras. Esta circunstancia poco frecuente implicaba que la tripulación tendría que hacer una aproximación solo visual al aeropuerto. Contarían con la ayuda de un conjunto de cuatro luces de aterrizaje en la pista que indican la posición vertical de la aeronave en relación con la trayectoria de planeo ideal de tres grados. Esas luces pueden ser blancas o rojas. Cuatro luces blancas indican que el avión está muy por encima de la trayectoria de planeo; dos luces blancas y dos rojas indican que el ángulo es correcto. Cuantas más luces rojas, más por debajo de la trayectoria correcta se encuentra el avión. Cuatro luces rojas implican una decisión crítica: intentar rectificar el aterrizaje o abortarlo.

Para los pilotos profesionales, este tipo de aterrizaje sin apoyo instrumental es una maniobra normal, sobre todo con un cielo sin nubes y soleado como el de aquel día. Llevaban aterrizando aviones en esas circunstancias toda la mañana, a uno por minuto, sin que se hubiera dado ningún problema. Sin embargo, aunque el capitán Lee había realizado en el simulador dos aterrizajes manuales con apoyo únicamente visual, el de aquel día sería el primero en el que pilotaría un auténtico 777 lleno de pasajeros. Lee sentía mucha presión por aquel motivo, pero no se lo dijo a nadie, ni durante el trayecto ni durante el informe obligatorio de aproximación a la pista.

Cuando el vuelo 214 de Asiana inició su aproximación, estaba a demasiada altura. Lee corrigió aumentando el ángulo de descenso y anunció que iba a desplegar los flaps de aterrizaje, lo que reduciría la velocidad de la aeronave. Sin embargo, iban demasiado

EL YO CENTRADO EN SÍ MISMO | 29

rápido para desplegarlos por completo, error que corrigió su examinador.

Lee frenó, tal y como se le indicó. Pero, entonces, en el siguiente intento de controlar el descenso, se equivocó con un botón del piloto automático. El avión aceleró de manera inesperada, con lo que
la inclinación de la aeronave se acentuó aún más. El examinador le
hizo ver también ese error. Lee redujo manualmente la velocidad del
motor, lo dejó al ralentí y, sin darse cuenta, deshabilitó el control de
la velocidad en el piloto automático. Ni Lee ni el examinador advir-
tieron este cambio; tampoco su implicación en el control de la pro-
pulsión para mantener la velocidad mínima.

Cuando las luces de aproximación aparecieron en el campo de
visión, el panorama no era bueno: cuatro luces blancas. Muchos ajus-
tes en los controles, poca comunicación y lejos de la trayectoria correcta. El examinador indicó que estaban a demasiada altura, pero
nadie se atrevió a mencionar las cuatro luces blancas. El avión des-
cendía rápidamente con los motores al ralentí, y la velocidad aérea
disminuía por debajo del valor preestablecido para el aterrizaje
(137 nudos), algo de lo que ni el piloto ni el examinador se dieron
cuenta. Lee creía que el piloto automático mantendría la velocidad; sin embargo, dado que los motores seguían al ralentí a causa del
ajuste manual, la velocidad descendió hasta los 103 nudos.

Las luces de aproximación empezaron a cambiar muy rápido.
Primero una roja, luego dos, después tres y, por último, las cuatro
rojas. Esta transición de cuatro blancas a cuatro rojas se completó en
menos de treinta segundos.

A estas alturas, Lee y el examinador tenían varias señales de que
las cosas no iban bien. El comportamiento del avión no era el adecuado: primero había descendido de manera inesperada y ahora estaba perdiendo velocidad y altura al doble del ritmo previsto. Los
motores seguían al ralentí. Sin embargo, durante ese tiempo reina-
ba el silencio en la cabina, interrumpido solo por breves y tensos

comentarios entre los pilotos. Lee no pidió ayuda en ningún momento ni dijo que estaba desconcertado por lo que estaba ocurriendo.

En vez de reconocer el problema, los pilotos trataron de convencerse de que todo estaba bajo control. El examinador anunció en tono tranquilizador que el avión estaba «en trayectoria», y decidió fijarse en los pocos segundos de transición durante los que se habían visto dos luces blancas y dos rojas, mientras el avión pasaba de estar por encima a estar por debajo de la senda de planeo, para afirmar que todo iba bien. Aquello le vino de perlas a Lee, pues tenía muy claro que cuatro luces rojas significarían que había suspendido el examen. Lee alegaría más tarde que no vio en ningún momento esas señales de fallo. El avión se dirigía a la pista. Y nadie decía nada.

Con el examinador centrado en las señales tranquilizadoras y Lee haciendo caso omiso de los datos alarmantes, ambos reaccionaron con lentitud. A sesenta metros de la pista —que en ese aeropuerto se encuentra casi al nivel del mar, junto a la costa— y quince segundos antes del impacto, el examinador informó: «Demasiado bajo». Incluso entonces, el capitán Lee dudó: no aceleró, no abortó el aterrizaje. Aquella había sido la última oportunidad de salvar el avión.

El retraso en la reacción tuvo consecuencias catastróficas. A treinta metros, el examinador tomó el control y pisó a fondo el acelerador. Era demasiado tarde. La cola del avión impactó contra el rompeolas y se partió. El accidente del Asiana 214 ocasionó la muerte de tres pasajeros. Fue el primer siniestro con víctimas mortales de un Boeing 777.

Una reconstrucción de los hechos demostró que se podría haber evitado el accidente si el avión hubiera intentado abortar el aterrizaje cuatro segundos antes.

¿Por qué ocurrió esta desgracia?

El yo y el ego

La respuesta no es que el capitán Lee fuera mal piloto. Los datos disponibles hasta el fatídico día apuntan a lo contrario. La respuesta es que Lee es humano y que por ello está sujeto a las mismas debilidades que el resto de las personas. Sus miedos ocultos, su necesidad de aparentar que lo tenía todo bajo control antes del vuelo y durante este, así como el hecho de que estuviera concentrado en aprobar el examen en lugar de en evitar un accidente, son manifestaciones de que el ego se pone a la defensiva ante una amenaza.

La respuesta más inmediata es que Lee no dio la vuelta cuando habría sido necesario. ¿Y por qué no lo hizo? Porque no vio las cuatro luces rojas. ¿Por qué no las vio? Porque estaba demasiado concentrado en no suspender el examen, demasiado inmerso en su propia perspectiva, en cómo le afectaría personalmente el aterrizaje. Esa amenaza activó una mentalidad defensiva que desvió su atención de la seguridad del aterrizaje para centrarla en dar una buena impresión. También le hizo aferrarse a su modelo mental inicial de que el piloto automático mantenía la velocidad, cuando no era así. Se ciñó a pensar en «cómo» aterrizar el avión, en lugar de elevar el pensamiento a discurrir «si» debía aterrizar el avión.

Mark Leary, psicólogo social y de la personalidad que estudia el yo y los problemas que nos genera, afirma en su libro *The Curse of the Self* que la causa principal de la infelicidad no son nuestras circunstancias o lo que nos hacen los demás, sino el yo.[2] Nuestro concepto del yo es la sensación que tenemos de ser un organismo autónomo, único y separado, con nuestra propia identidad, valores y sueños, y la capacidad de trazar un rumbo para alcanzarlos. El término latino *ego* hace referencia a este sentido del yo. En el lenguaje cotidiano, suele usarse de manera peyorativa, a menudo para culpar al ego de los efectos negativos que puede generar la autoconciencia.

Una cosa es tener la capacidad de autopercibirse y otra poner demasiado énfasis en el yo o quedarnos empantanados en el ego. Jordan Peterson, psicólogo canadiense de enorme ingenio y a menudo controvertido, y que comenta habitualmente asuntos psicológicos de interés general, habla en un pódcast con el cómico Theo Von sobre los peligros del pensamiento autorreferencial excesivo.[3] Afirma que es posible identificar a las personas deprimidas o psicóticas, con un 75 % de precisión, basándose en la cantidad de contenido autorreferencial que haya en lo que escriban. Continúa diciendo que, cuanto más pienses en ti mismo, peor te sentirás, y que el antídoto de la ansiedad social es centrarse en otras personas, en lugar de en uno mismo. Dicho con otras palabras, tienes que salir de tu cabeza.

Por supuesto, el yo no es inherentemente malo. Leary cataloga muchos de los beneficios que nos aporta como especie. El yo conlleva la capacidad de autorreflexión, la de conceptualizarnos como una entidad diferenciada del mundo que nos rodea. Esta capacidad permite a los seres humanos planificar, deliberar, pensar de manera introspectiva, evaluar a los demás y a nosotros mismos, ejercer autocontrol y motivarnos para ajustar el comportamiento a lo que queremos ser o lograr. El yo nos permite tener conciencia de que somos responsables de nuestros actos. Gracias a estos atributos, los seres humanos han podido multiplicarse y extenderse por el planeta.

Aunque estas características son beneficiosas desde un punto de vista evolutivo, Leary señala un lado oscuro: nos preocupamos por cómo nos perciben los demás. La capacidad de evaluarnos a nosotros mismos y a otras personas hace que seamos conscientes de que, igual que juzgamos a los demás, los demás nos evalúan a nosotros, lo que tiene un efecto perverso: en lugar de esforzarnos por ser de cierta manera, nos preocupamos por parecer que lo somos.[4]

La preocupación del ego por la imagen, sobre todo cuando se siente amenazado, es problemática. En su libro *La mente de los justos*, el psicólogo social Jonathan Haidt lo llama nuestro «jefe de prensa».[5] Cuando interactuamos con los demás, el ego es nuestro mecanismo interno de defensa y nuestro promotor; su única intención es que demos buena impresión y nos sintamos bien con nosotros mismos. Para ello, filtra la realidad incluso antes de que la percibamos. En lenguaje coloquial, cuando decimos que alguien tiene mucho ego o que está dejando que interfiera el ego, estamos haciendo hincapié en las características menos favorables de nuestro sentido del yo. Estos rasgos disfuncionales del ego nos llevan a ponernos a la defensiva, a ser arrogantes, inseguros y frágiles, y distorsionan la forma en que vemos la realidad.

Puede que resulte útil pensar en estos rasgos disfuncionales como «activados» o «desactivados». Cuando están activados, desviamos la atención de la tarea que tenemos entre manos a la imagen que estamos proyectando. El ego filtra a qué presta atención el cerebro y se centra en ello con el fin de hacernos quedar bien. Activado de esta manera, sesga la toma de decisiones en favor de las opciones que protegen nuestra identidad, y además se reafirma en las que hayamos tomado previamente.

El resultado, por desgracia, es que nos quedamos estancados en el «cómo»: cómo pensar o actuar para apoyar las necesidades del ego —cómo aterrizar el avión en el ejemplo del capitán Lee—, cuando sería mejor que pensásemos en el «qué», el «si» o el «por qué». ¿Deberíamos siquiera aterrizar el avión? Este nivel más bajo de pensamiento es limitante. Cuando la actividad mental pasa de gestionar el rendimiento de la tarea a centrarse en la imagen, el cerebro se asegura de mantener nuestras ideas preconcebidas —al menos, perceptivamente—, pues busca la información que las confirma y evita la que las contradice. Nos centramos en una serie de datos que nos convencen de que tenemos razón. Es lo que llamamos **sesgo de confirmación**. Tenemos una visión distorsionada de la realidad y nos convencemos de que es la única correcta.

El efecto de distorsión de la realidad es tan fuerte que tiene el poder de cegarnos. El capitán Lee informó de que «no vio las cuatro luces rojas en ningún momento». Debido a que una visión completa de la realidad sería abrumadora y confusa, el cerebro elige constantemente a qué prestar atención y qué ignorar, y luego rellena la parte que no ve y que no conoce. Enseguida percibimos cualquier indicador que nos muestre como buenas personas, competentes y coherentes, consecuentes con nuestros valores. Y solemos ignorar los que nos muestran como incompetentes e inconsecuentes. Esta ceguera deliberada se presenta en gran medida de manera automática, instantánea y sin esfuerzo.

En la vida diaria, la distorsión se manifiesta con comentarios como «Yo no he dicho eso», cuando sí lo hemos dicho; o «No me has dicho eso», aunque sí nos lo dijeran. Las distorsiones de este tipo se dan todo el tiempo. Como el difunto psicólogo Daniel Kahneman describía en *Pensar rápido, pensar despacio*, «solo existe lo que vemos».[6] Cuando el cerebro deja fuera información que tenemos ante nuestros propios ojos, la trata como si no existiera.

La ceguera deliberada se presenta con más frecuencia de lo que podría pensarse. La autora Margaret Heffernan ha escrito un libro sobre este fenómeno: *Willful Blindness: Why We Ignore the Obvious at Our Peril.*[7] Las mujeres que no «ven» la infidelidad de su marido; los inversores en fondos de Madoff que no «veían» que los rendimientos de los que se les informaba eran muy probablemente fraudulentos; los alemanes que no «veían» el campo de concentración en el bosque próximo a su localidad.

Por otro lado, el cálculo que hacemos para tomar decisiones tiene un sesgo a favor de mantener la coherencia con las que ya hemos tomado. Repetimos opciones y actos previos porque los hemos integrado en nuestra identidad. Es lo que se llama **falacia del coste irrecuperable**, por la que nos negamos a abandonar una estrategia o curso de acción en el que nos hemos embarcado porque ya hemos hecho una inversión inicial. Tenemos tendencia a mantener el compromiso con un curso de acción a pesar de que se demuestre fallido, a continuar en el camino que habíamos elegido solo porque fuimos nosotros quienes lo elegimos y creemos que estamos en lo cierto. Todo ello forma parte de un erróneo patrón de conducta con el que buscamos protegernos de todo tipo de amenazas.

Se trata de un problema grave que puede tener consecuencias letales. En un estudio realizado por Carnegie Mellon de la mano de Binyamin Cooper y otros colegas, se midieron los efectos de los malos modales en el llamado **sesgo de anclaje**.[8] Este sesgo cognitivo se produce cuando, a la hora de tomar una decisión, tendemos a aferrarnos a una única información, que suele ser la primera que hemos recibido. Afecta a todo tipo de ámbitos, desde los juicios que realizamos sobre actos cotidianos hasta las negociaciones. Es uno de los sesgos cognitivos que más influye en los errores que pueden cometerse en medicina (el más común, según algunos estudios). Imaginemos el ejemplo de un médico que entra en la consulta para atender a un paciente y el enfermero le sugiere que el diagnóstico es un ataque al corazón. Pues bien, este diagnóstico puede persistir en la mente del médico a pesar de que haya pruebas que lo refuten.

En el estudio de Cooper se invitó a estudiantes de cuarto de Medicina a una simulación de sala de urgencias donde había que diagnosticar a un paciente que presentaba molestias en el pecho. La hija decía que le preocupaba que su padre estuviera sufriendo un infarto (el ancla). Sin embargo, el diagnóstico correcto era reflujo gastroesofágico. En el estudio se hizo que, de camino a ver al paciente, un grupo aleatorio de participantes fuera testigo de un incidente donde alguien era maleducado con otra persona. Los estudiantes expuestos a esta situación fueron más proclives a quedarse con el incorrecto diagnóstico inicial (infarto), a pesar de que recibieron información adicional que tendría que haberlos llevado a la conclusión correcta. Por el contrario, los participantes del grupo de control mostraron una mayor capacidad para desviarse del diagnóstico inicial.

La autoprotección

Para sobrevivir, cualquier especie necesita protegerse de los daños causados por el entorno, los depredadores u otros factores externos. En la primera línea de esta protección se encuentra el sistema de procesamiento del dolor de los organismos, que envía una señal al cerebro de que algo es peligroso o está causando algún daño: una planta venenosa, un león hambriento, un fuego devastador. En el caso de los seres humanos, los nervios sensibles al dolor que reciben la señal la transmiten al cerebro a través de la columna vertebral y el sistema nervioso. Cuando sentimos el dolor, nuestra reacción es física. Por regla general, implica algún tipo de movimiento o preparación al movimiento, por ejemplo, apartar la mano rápidamente, contratacar, correr, etcétera.

En general, los sentidos, como por ejemplo el del olfato, se atenúan en respuesta a una exposición continuada. No ocurre lo mismo con el dolor. Si entras en una estancia que huele mal, después de un rato dejarás de notar el olor. Bueno, por lo menos, no lo notarás tanto. Imagina que vives junto a las vías del tren. Con el tiempo, ya no prestarás atención al traqueteo de los trenes cuando pasen. Sin embargo, el dolor puede aumentar si persiste la causa que lo produce, y aunque podamos entrenarnos para tolerarlo y reaccionar de otra manera —sin retirar el brazo cuando te pongan una inyección—, la sensación persistirá. No es posible entrenarse para sentirlo menos.

Al igual que el dolor físico, el dolor social se siente y se transmite al cerebro para que actuemos. Como somos animales sociales, hemos evolucionado para tener un fuerte deseo de formar parte de la tribu. Durante mucho tiempo, ser expulsado de esta suponía la muerte, por lo que seguimos siendo muy sensibles a las amenazas sociales: una mirada de soslayo, ser excluido de una actividad, ser aislado del grupo, etcétera.[9] Dado que el cerebro ya tenía un sistema para procesar el dolor físico, desde el punto de vista evolutivo, resultaba conveniente procesar el dolor social utilizando las mismas vías. Así las cosas, el dolor social se alivia de manera análoga, mediante una respuesta física. Y, al igual que el dolor físico, no se mitiga cuando persiste la exposición a él. Entrenarnos para reinterpretar las señales de dolor social es un proceso lento y trabajoso. Nos sentimos como si fuéramos en contra de la naturaleza, y es justo lo que estamos haciendo.

Para comprender la conexión entre el dolor social y el físico disponemos de un punto de partida que nos puede resultar algo extraño. Jaak Panksepp, un investigador nada pretencioso pero muy curioso, descubrió que las ratas ríen cuando se les hace cosquillas.[10] En un primer momento, la comunidad científica no acogió bien los resultados de su investigación, pues contradecían la corriente conductista dominante. Es probable que tengas en mente uno de los ejemplos más famosos de esta rama de la psicología: el perro de Pavlov.

Panksepp pensaba que los conductistas habían ido demasiado lejos en su rechazo del papel de las emociones y en la reducción de toda actividad humana y animal a un conjunto de respuestas condicionadas por estímulos. Este investigador creía que las emociones desempeñaban un papel importante en la alegría, el sufrimiento y las actividades diarias. Realizó una serie de experimentos inéditos y bastante creativos, como el de hacer cosquillas a ratas. En este último caso, al detectar chillidos y gemidos de frecuencias superiores a las que puede oír el ser humano sin mecanismos de ayuda, se dio cuenta de que las ratas se reían.

En un estudio de 1977 en la Bowling Green University, Barbara Herman y Panksepp midieron el dolor social de ejemplares de crías de cobaya al ser separadas de su madre por el número de chillidos de angustia que proferían.[11] Las crías a las que se les suministraba morfina, concebida para enmascarar el dolor físico, chillaban menos, lo que indicaba que sentían menos dolor social.

Desde entonces ha crecido el número de investigaciones que confirman el hallazgo de que el cerebro procesa el dolor social de manera similar al dolor físico. En un estudio de 2010, se realizaron lecturas de imagen por resonancia magnética funcional (fMRI) a estudiantes inmersos en un juego de pelota virtual.[12] Los participantes creían que estaban jugando con otros dos humanos, aunque, en realidad, se trataba de «jugadores» preprogramados por ordenador, que incluían un rato en el juego a los participantes del estudio y después los excluían. Cuando aquello ocurría, las lecturas de fMRI mostraban actividad cerebral en los mismos lugares que indican la existencia de dolor físico. El mismo estudio concluyó que un analgésico simple como el paracetamol reducía la reactividad de esa misma región del cerebro ante el dolor social de verse excluido. Es decir, cuando hieren nuestros sentimientos, el cerebro experimenta ese dolor social de una manera similar a la experiencia del dolor físico.

Este mismo equipo realizó otra investigación con dos grupos de estudiantes, a los que se les propuso que llevaran un diario durante tres semanas. La mitad de ellos debían tomar paracetamol a diario; y la otra mitad, un placebo. Todos respondían a una encuesta cada noche sobre lo fácilmente que se sentían heridos por los actos de otras personas o lo resilientes que eran ante las críticas o las amenazas sociales. Se les pedía que contestaran a afirmaciones como «Me siento herido cuando me toman el pelo». En esa ocasión se demostró también que el paracetamol funcionaba, pues los participantes que lo estaban tomando se sentían más resilientes y percibían menos dolor social.

Aunque existen similitudes entre el procesamiento del dolor físico y el del dolor social, hay diferencias. Por ejemplo, se puede volver a experimentar el dolor social al recordarlo.[13] Por el contra-rio, aunque recordemos la situación en la que sufrimos un dolor fí-sico, no lo padeceremos otra vez. Por tanto, que de nuevo podamos sentir dolor al recordar la situación que nos lo provocó nos motiva para protegernos del dolor social.

Nuestra respuesta a la amenaza social es una extensión directa de la respuesta a la amenaza física, integrada en el cuerpo. Estamos programados de manera natural para evitar las amenazas a nuestra identidad y nuestro ego. Por tanto, hasta cierto punto, nos encontra-mos atrapados en el ego. Quizá sea este el motivo por el que los fi-lósofos, los psicólogos, los líderes religiosos y los escritores de todos los tiempos han tratado de resolver el problema del ego con tanta persistencia. Por supuesto, hemos aprendido lecciones muy útiles, pero siempre volvemos al mismo problema básico. La clave para desactivar los efectos disfuncionales del ego no es intentar atacarlo di-rectamente, sino comprender mejor el estado perceptivo que tien-de a activarlos y que no es otro que el yo centrado en sí mismo.

Nuestro estado por defecto: estar centrados en nosotros mismos

Ponte en el lugar del capitán Lee. Eres piloto profesional, lo que cons-tituye en gran medida tu identidad. Te han elegido para un ascenso a capitán de un 777 y necesitas superar ese vuelo de evaluación man-teniendo intacta tu reputación. Te centras en ti mismo y en tu ren-dimiento. Lo ves todo a través de una lente de autopercepción y autoevaluación. Tu punto de vista se concentra en eso. No puedes fastidiarla. Empiezas mal con el asunto de los flaps y el piloto auto-mático. Ya son dos infracciones. Estás nervioso. No cuestionas en voz alta lo que ha pasado con el piloto automático; te limitas a hacer un ajuste manual y sigues adelante con el aterrizaje.

Sientes que has recuperado el control. Sin embargo, al aparecer las luces de aterrizaje, hay cuatro de color blanco, que confirman lo que ya sabías: vas demasiado inclinado. Entonces, las luces empiezan a cambiar con una rapidez que nunca habías visto. Casi inmediatamente aparecen tres rojas. Estás estresado, ansioso, asustado. Ahora sí que sientes que peligra tu calificación. Sigues concentrado en aterrizar, en lugar de plantearte si lo que deberías hacer es dar la vuelta para volver a intentarlo.

Cobras conciencia rápidamente de que la aparición de cuatro luces rojas supondría el suspenso. No las quieres ver. Así que tu cerebro se acomoda. Al cabo de unos segundos, cuando se ponen rojas las cuatro luces, el cerebro filtra esa información tan perturbadora y no las llegas a ver. En esos momentos piensas que ese aterrizaje determinará para siempre tu reputación, por no hablar del curso de tu carrera profesional e incluso de tu vida entera. Es lo único que te importa. Este nivel extremo de autoconciencia te debilita. Todo confluye en la sensación de que lo que ocurre tiene que ver contigo, aquí y ahora. Esto es el yo centrado en sí mismo.

El yo centrado en sí mismo es nuestro estado por defecto. Somos nuestro punto de referencia principal, el protagonista de nuestra propia historia. Vivimos dentro de la cabeza, atrapados en una miope perspectiva de primera persona en la que las emociones nos nublan el pensamiento porque somos incapaces de separar una cosa de la otra. Cuando nos piden que describamos las emociones, usamos automáticamente la primera persona gramatical. Cuando nos piden que localicemos nuestro sentido del yo, la mayoría de la gente —sobre todo en la cultura occidental— se señala una zona ubicada detrás y ligeramente por encima de los ojos. Al mirar el mundo desde nuestra perspectiva, desde detrás de los ojos, pensamos en las cosas en tanto que nos pasan a nosotros. La distancia física la medimos respecto al lugar donde estamos, el «aquí». Y el tiempo está anclado en el «ahora». Este marco del «yo aquí y ahora» es el de la experiencia del yo centrado en sí mismo.

Tenemos un sesgo en favor de esa perspectiva del yo aquí y ahora y de todo lo que es similar a nosotros. En un estudio muy interesante sobre qué idiomas nos suenan más «bonitos», los investigadores examinaron distintos grupos de lenguas, la nasalidad de las vocales, la presencia de sonidos consonánticos particulares como 'sh' o 'ch', así como diferentes tonalidades y ritmos.[14] En general, los participantes asignaron puntuaciones parecidas a todos los idiomas, lo que pone en entredicho la hipótesis de que algunas lenguas (como, por ejemplo, el francés) suenan más bonitas que otras (como el alemán, más gutural). Sin embargo, se dio una fuerte correlación: a los participantes les gustaban los idiomas con los que más familiarizados estaban, y por eso les otorgaron una media de un 12 % más en las puntuaciones.

Cuanto más sumida en sí misma está una persona, más selectivo se vuelve el cerebro. El resultado es que su punto ciego, donde se oculta su incompetencia y sus inconsecuencias, se hace cada vez mayor. Debido a esta atención selectiva, centrarse en uno mismo es una especie de confinamiento. Se instala la visión de túnel. La persona se encierra cada vez más en ver el mundo desde su perspectiva. El resultado final es sumirse más en uno mismo: un círculo vicioso.

El estado de inmersión en uno mismo se experimenta con mayor fuerza cuanto más vulnerables nos sentimos: cuando nos ponen a prueba o nos evalúan; o cuando nos insultan, nos ignoran o resultamos invisibles, sobre todo en entornos públicos. Por ejemplo, si tropiezas al acercarte a saludar a un amigo, inmediatamente te sientes cohibido y te preguntas qué impresión habrás dado. Seguro que te has sentido así en algún momento. (Curiosamente, lo contrario, que se prodiguen en elogios hacia ti, provoca el mismo efecto, que te encierres en ti mismo).

El estrés magnifica la perspectiva del yo inmerso. Se dan muchas situaciones que nos encierran más en ese estado, como la presión de una fecha límite que se acerca, una evaluación crítica de nuestro trabajo (sobre todo si es pública), un juicio que emite sobre nosotros nuestra pareja o un ser amado, una amenaza a nuestro estatus social, etcétera. Cuando alguien nos corta el paso en la carretera, critica la presentación que acabamos de hacer, amenaza nuestra posición en el trabajo o incluso nos pregunta por qué hemos hecho algo de cierta manera, nuestra percepción se estrecha inmediatamente y no pensamos más allá de ese momento. Nos enfurecemos dentro del coche, nos molestamos por las opiniones de los demás o las descartamos. Sea cual sea nuestra reacción, esta proviene del ofuscamiento, no de la claridad. Cuando nos ponemos a la defensiva, somos incapaces de pensar en el futuro, incluso en el más próximo, y tiende a desaparecer la capacidad de tomar buenas decisiones.

Centrarnos en nosotros mismos hace que nos percibamos como una entidad integrada y estable, distinta de los demás y única, con una historia, sentimientos, emociones, esperanzas y planes para el futuro. Sin embargo, activar ese estado en el momento inoportuno puede ser desastroso si nos vuelve excesivamente protectores, especialmente de nuestra identidad, ya sea la de piloto competente, buen padre, amable compañero de trabajo o, en definitiva, cualquiera con la que nos sintamos cómodos. Esto puede abarcar también a personas y grupos con los que nos identificamos. Es este estado del yo inmerso en sí mismo el que hace que nos preguntemos «¿Por qué me está pasando esto a mí?» y nos hace sentir que somos el centro de nuestro propio universo.

Nos sumimos en este estado con tanta naturalidad que no solemos pararnos a pensar si hay otras maneras de ver el mundo.

EL YO CENTRADO EN SÍ MISMO COMO INVERSOR

Si inviertes en bolsa, existe una alta probabilidad de que tu cartera rinda por debajo del mercado. También hay una gran probabilidad de que te niegues ese hecho a ti mismo. Esto es así porque la mente distorsiona la realidad: destaca nuestros logros y minimiza las pérdidas. Aunque puede haber casos atípicos durante breves periodos, las pruebas son claras y abrumadoras. Los inversores más activos rinden por debajo del mercado. Cuanto más juguetean con las inversiones, peor lo hacen. La mayoría deberíamos invertir en un fondo indexado y estarnos con las manos quietas.[15]

En los círculos financieros se habla de la diferencia que hay entre lo que rinde una inversión dada y lo que acaba recibiendo el inversor típico. Debería ser lo mismo, ¿verdad? Pues no lo es. Por ejemplo, para un fondo mutualista que podría dar un 10 % de rendimiento en un año, el inversor típico de ese fondo solo logra un 9 %. ¿Cómo es posible? Porque los inversores individuales suelen vender a causa del pánico cuando bajan los precios, y luego comprar cuando la cosa se anima y los precios empiezan a subir. El 1 % de diferencia en este ejemplo es típico. Podría parecer poco, pero un 1 % supondría que, a lo largo de treinta años, 100.000 dólares se convertirían en 1,75 millones, en lugar de en 1,33 millones.

Derek Horstmeyer, profesor de finanzas en la George Mason University, analizó cómo afectan las condiciones del mercado a las decisiones de inversión.[16] En los mercados bajistas y los periodos más volátiles, esta diferencia es mayor. Aunque puede variar en función del tipo de inversión (por ejemplo, valores internacionales o valores domésticos), la lección más importante es que la diferencia siempre es negativa.

En los años muy volátiles, como durante la pandemia de la COVID-19 o la crisis financiera, el comportamiento de los inversores se vuelve caótico. Horstmeyer lo expresa así: «La volatilidad parece llevar a que los inversores tomen malas decisiones. La gente tiende a asustarse y a abandonar sus posiciones cuando los precios bajan mucho, y luego vuelven cuando el mercado se recupera [...]. Es muy difícil predecir las fluctuaciones del mercado a corto plazo y obtener beneficio de ellas, sobre todo en las épocas más volátiles».

Sabemos que la razón es psicológica. Nos sentimos ansiosos durante los periodos volátiles en los que los precios suben o bajan abruptamente (sobre todo cuando bajan). La ansiedad genera estrés, y este nos empuja al estado del yo sumido en sí mismo. Perdemos de vista el marco general y somos más proclives a tomar malas decisiones. Durante los periodos de volatilidad del mercado haríamos bien en seguir las enseñanzas de Odiseo, que se ató al mástil del barco y prohibió a la tripulación que lo obedecieran si les ordenaba que lo desataran mientras pasaban frente a las sirenas.

Este comportamiento afecta también a los gestores de inversión profesionales. Los inversores pueden elegir entre fondos mutualistas, gestionados por un profesional, y fondos cotizados (ETF), que replican automáticamente un segmento, sector o mercado. Un estudio reciente sobre 7.800 fondos mutualistas de las últimas tres décadas mostró que los inversores perdieron un billón de dólares por elegir fondos mutualistas, en lugar de ETF pasivos.[17] La razón es triple. En primer lugar, los inversores eligen el momento inadecuado para comprar y vender; principalmente porque compran cuando los valores están altos y venden cuando están bajos. En segundo lugar, los gestores de los fondos se ven obligados a hacer lo mismo: tienen que vender valores a precios bajos para cubrir los reembolsos de los inversores, y comprar a precios altos para aplicar el capital que los inversores aportan a los fondos. En tercer lugar, por regla general, los gestores de los fondos mutualistas activos rinden por debajo de los ETF pasivos porque los costes son mayores y los profesionales no rinden por encima del mercado lo suficiente para compensar.

La Asociación Estadounidense de Inversores Individuales (AAII, por sus siglas en inglés) hace encuestas semanales a los inversores para que indiquen si creen que el mercado irá al alza o a la baja, o si permanecerá más o menos igual en los siguientes seis meses. La diferencia entre los que creen que el mercado será alcista (toros) y los que piensan que será bajista (osos) proporciona una indicación, pero se trata de una señal que debe interpretarse justo al revés de lo que parece indicar.[18]

Si la mayoría de los inversores creen que el mercado será alcista, habrán invertido su dinero en consecuencia, por lo que habrá menos dinero disponible para entrar en el mercado y sostener esa tendencia. Por tanto, en realidad, el mercado se estará acercando a un pico. A la vez, si la mayoría de los inversores creen que el mercado será bajista, habrán retirado su dinero en consecuencia, por lo que habrá más dinero que pueda volver a entrar en el mercado. Es decir, que, en realidad, el mercado se estará acercando a un valle. Los precios de los valores reflejarán el efecto de las retiradas y entradas de dinero. Por ello, cuando la mayoría de los inversores expresen la creencia de que el mercado será alcista, por regla general bajará.

Las cosas son así, desde luego. En el sitio web de la AAII se afirma lo siguiente: «La encuesta sobre las impresiones de los inversores ha de interpretarse en sentido contrario. Los rendimientos por encima de la media suelen seguir a niveles de optimismo inusualmente bajos, mientras que los rendimientos por debajo de la media suelen seguir a niveles de optimismo inusualmente altos». La mayoría de los inversores individuales se equivocan en sus predicciones sobre el mercado. Y ello a pesar de que treinta y siete años de historia demuestran que la mayoría de la gente se equivoca. La razón no es que los miembros de la AAII sean malos inversores; es que son humanos. La combinación de las creencias humanas y las implicaciones económicas de sus decisiones genera una señal en el mercado que conviene interpretar en sentido contrario.

Jason Zweig escribe la columna semanal «The Intelligent Inversor» en *The Wall Street Journal*. Trabajó con Daniel Kahneman en *Pensar rápido, pensar despacio*, así que sabe bastante sobre los sesgos cognitivos. Zweig pone de manifiesto nuestro autoengaño en el mundo de la inversión. Pide a los lectores de su columna que predigan el curso que tomará el mercado, los tipos de interés, las materias primas y las criptomonedas en los siguientes doce meses. A finales de 2021, la predicción era que el S&P 500 (Standard & Poor's 500), un índice de mercado amplio, subiría un 6 %. En diciembre de 2022, pidió a sus lectores que recordaran lo que habían pronosticado. Por regla general, afirmaron haber predicho una caída del 1 %. ¿Cómo podían recordar tan mal? Bueno, el mercado había caído un 15 % en aquel momento. No solo se habían equivocado sobre la tendencia que llevaría el mercado, ¡sino también acerca de su propio error![19]

Creemos que somos mejores inversores, conductores, etcétera, de lo que en realidad somos. Es lo que llamamos «sesgo egoísta». Este se manifestó en un estudio clásico de 1981, en el que el 93 % de los conductores estadounidenses afirmó tener dotes de conducción por encima de la media, pese a que ese dato es estadísticamente imposible.[20] Los conductores con un historial de accidentes graves e infracciones de tráfico se valoran de manera comparable a los que tienen un historial limpio. Al parecer, la experiencia no basta para contrarrestar estos sesgos.

En el caso de los inversores, los precios proporcionan una señal nada ambigua para saber si se ha tomado una buena decisión a la hora de comprar o vender. Esta es clara, mensurable y visible. Sin embargo, nos seguimos engañando. Como le pasó al capitán Lee, el cerebro no quiere que veamos las cuatro luces rojas.

Elige dejar de estar centrado en ti mismo

Quizá estés preguntándote: «De acuerdo, entonces, ¿qué punto de vista debería tener en lugar del mío propio?». Hay que comprender en primer lugar que nuestra perspectiva no es estática. Podemos salir del estado del yo ensimismado y elegir otro punto de vista. Tenemos la capacidad de salir de nosotros mismos y manipular nuestra perspectiva. Podemos imaginar que somos otra persona —un asesor objetivo, un observador neutral—, adoptar su visión y vernos a distancia. Al hacerlo, desactivaremos el ego y nos liberaremos de la necesidad de defender y proteger nuestros pensamientos y emociones porque ya no los veremos como propios. Este enfoque distanciado nos permitirá ver con mucha más claridad y tomar mejores decisiones.

Así pues, la cuestión principal que hemos de abordar no es que tengamos eso que llamamos «ego», sino que vivimos por defecto en un estado centrado en nosotros mismos. Buscar una solución para nuestros problemas con el ego es un camino largo y plagado de peligros. Sin embargo, salir del estado del yo sumido en sí mismo nos desliga inmediatamente de las disfunciones del ego. Una vez que abandonamos ese estado, dejamos de ser ese «yo» que necesita que lo defiendan.

Puede que no nos demos cuenta de que contamos con la opción de salir de este estado. Pero así es, y ese acto tan sencillo es una de las cosas más efectivas que podemos hacer para tomar mejores decisiones, evitar las desastrosas y alcanzar una vida más plena.

2

El yo distanciado

Si nos echaran y la junta contratara a un nuevo director ejecutivo, ¿qué crees que haría?

ANDY GROVE a Gordon Moore

A principios de los ochenta, en Estados Unidos se respiraba un ambiente de optimismo. Paul Volcker, jefe de la Reserva Federal en aquella época, había acabado con la inflación, y la tendencia de los mercados era alcista después de diecisiete años de curso incierto. Madonna y Michael Jackson estaban en su apogeo y una nueva cadena de televisión dedicada a los vídeos musicales estaba revolucionando el sector del entretenimiento y la cultura juvenil.

Pero, en Intel, el director ejecutivo Gordon Moore y el vicepresidente Andrew Grove no participaban de ese ánimo. El informe anual de 1985 se abría con la siguiente frase: «El año ha sido nefasto para Intel y el sector de los semiconductores».[1] Tanto Moore como Grove llevaban en la empresa desde sus inicios, en 1968 (Moore como fundador y Grove como jefe de ingeniería), y la habían convertido en un gigante tecnológico de gran éxito, con 23.000 empleados e ingresos anuales de 1.600 millones de dólares (equivalentes a 4.600 millones de 2024).

Moore y Grove podían estar orgullosos de la empresa que habían creado. Sus decisiones, estrategias y planes de gestión los habían hecho ricos y famosos, al menos en Silicon Valley y el mundo de los negocios. Además, el primero era un peso pesado del pensamiento tecnológico, y se le conocía por la ley de Moore, que postulaba que el número de transistores de un circuito integrado se duplicaba cada dos años.

El éxito de Intel residía en su principal producto: los chips de memoria, componentes esenciales de cualquier ordenador. Pero Moore y Grove habían desarrollado también el microprocesador 4004. Los chips de memoria almacenan datos y los microprocesadores los procesan, analizando la información y las entradas en el sistema. Son más complicados, caros y difíciles de fabricar. Aunque el 4004 constituía una pequeña parte del negocio, había tenido éxito. Sin embargo, la presión que experimentaba Intel se debía a que el mercado de los chips de memoria había perdido diferenciación. Los fabricantes japoneses y los coreanos ofrecían precios y calidades muy competitivos, lo que provocó una caída drástica de los ingresos de la corporación y redujo sus ganancias casi a cero.

Moore y Grove tenían que tomar una decisión: quedarse con los chips de memoria o centrarse en los microprocesadores. La empresa carecía de recursos para conservar las dos ramas del negocio. La decisión determinaría el destino de la compañía.

Estos directivos debatieron qué hacer durante todo un año. A pesar de la incertidumbre, la decisión estratégica de apostarlo todo a los microprocesadores parecía la más clara. Su fabricación y diseño fortalecería la pericia tecnológica de la empresa, que ya había demostrado su capacidad con el 4004. El ordenador personal (PC) de IBM se fabricaba con microprocesadores de Intel; su demanda crecía mientras proliferaban otros fabricantes de PC que también usaban microprocesadores de Intel. De hecho, a esta compañía le costaba asumir tanta demanda. Sin embargo, Moore y Grove estaban paralizados y no se atrevían a romper el *statu quo*, es decir, decidían no decidir. No se veían capaces de abandonar el producto con el que habían iniciado el negocio.

Como Grove explicó: «Nuestras prioridades se fundamentaban en nuestra identidad; al fin y al cabo, la empresa "eran" los chips de memoria».[2] Sobre la base de muchos años de experiencia, la gente de Intel, incluidos Moore y Grove, tenía dos creencias muy sólidas sobre cómo llevar el negocio y tener éxito. En primer lugar, los chips de memoria constituían la tracción tecnológica de todos sus productos. En segundo lugar, Intel necesitaba ofrecer a los clientes una línea completa de artículos, que siempre incluiría los chips de memoria. A causa de estas dos creencias, la única pregunta que se consideraba aceptable en Intel era «¿Cómo vamos a hacer chips de memoria?», en lugar de «¿Qué deberíamos fabricar?». El proceso decisorio se limitaba a buscar opciones concretas sobre «cómo» podían fabricar chips de memoria, en lugar de plantearse «si» debían producirlos.

Incluso cuando se hacían la pregunta de manera abstracta, no imaginaban otra respuesta que continuar siendo una empresa de chips de memoria. Era demasiado doloroso dejar de lado su producto emblemático. El apego era demasiado fuerte, y abandonar los chips habría implicado reconocer que en algún momento habían tomado un camino erróneo.

Entonces, en una reunión, Grove planteó una pregunta hipotética: «Si nos despidieran a ti y a mí, ¿qué harían las personas que nos sustituyeran?». Inmediatamente, al reformular la cuestión, la respuesta estaba clara. Grove cuenta la historia:

> Recuerdo un momento de mediados de 1985, después de haber estado dándole vueltas a la cuestión durante casi un año sin llegar a ninguna conclusión. Me encontraba en mi oficina con Gordon Moore, presidente y CEO de Intel, y debatíamos sobre nuestro dilema.

Estábamos desanimados. Miré por la ventana la noria del parque de atracciones Great America, que giraba a lo lejos, y entonces me volví hacia Gordon y le pregunté: «Si nos echaran y la junta contratara a un nuevo CEO, ¿qué crees que haría?». «Sacaría a la empresa del mercado de chips de memoria», respondió Gordon sin dudarlo. Lo miré fijamente, aturdido, y luego dije: «¿Y por qué no salimos tú y yo por la puerta, y luego volvemos a entrar y hacemos eso nosotros?».[3]

En 1985, Intel se centró en producir microprocesadores. Ese mismo año fue el del lanzamiento de C++ y Nintendo, y Michael Dell fundó su empresa de PC. Había empezado la revolución informática.

Cambiar de perspectiva

Cuando Moore y Grove se marcharon metafóricamente y volvieron a entrar, pero metidos en la piel de «sus sustitutos», abandonaron su estado de «yo centrado en sí mismo», se convirtieron en otra persona y miraron la situación desde lejos. Esa perspectiva objetiva y neutral les permitió desvincularse del ego, de la necesidad de defenderlo y de todas las decisiones que habían tomado en el pasado. Disiparon la amenaza social y la que afectaba a su identidad eliminando la barrera más antigua y persistente que impedía ver una situación con claridad: ellos mismos.

Tras estar estancados un año entero, el salto al distanciamiento, desencadenado por la frustración y la vista de la noria al otro lado de la ventana, dio lugar a un destello de lucidez. La perspectiva distanciada desbloqueó al instante la respuesta a su problema.

Al distanciarnos adoptamos una visión objetiva, externa, de tercera persona, desde la que nos vemos sin sesgos en la situación en la que nos encontramos. Al salirnos por un momento del punto de vista singular de la primera persona, que está constituido inextricablemente por nuestros recuerdos, prejuicios, esperanzas y heridas, somos capaces de ver y pensar con mayor claridad, despojados de la carga de las experiencias y las emociones personales, así como de la necesidad de causar buena impresión o defendernos. La mente distanciada no se preocupa por cuidar la imagen, se centra en la tarea que se ha de completar. En ese estado, te encuentras abierto, consciente, relajado y curioso, lo que da lugar a una claridad que suele perderse en un contexto en el que todo gire en torno a ti y a tus cosas. Distanciarse es lo opuesto a una perspectiva egocéntrica. Si te distancias, no tienes necesidad de estar a la defensiva porque no eres «tú» quien toma la decisión, estás desvinculado.

Podría parecer que este planteamiento contradice ese consejo tan común y popular que nos urge a «ser nosotros mismos», «estar presentes» o «estar en el momento». Sin embargo, si estamos presentes en el momento a la vez que centrados en nosotros mismos, podemos perder de vista el contexto, limitar la libertad de elección, no darnos cuenta de que estamos decidiendo de manera pasiva o tomar la decisión errónea.

La distancia cambia cómo pensamos

La distancia cambia cómo pensamos sobre una situación, un problema o una decisión que hemos de tomar. Como Moore y Grove, que se imaginaron en la piel de las personas que los sustituirían, podemos distanciarnos mentalmente de nosotros mismos. Es lo que se llama «distancia psicológica». El fundamento teórico reside en la teoría de los niveles de representación, que describe cómo pensamos sobre las cosas y cómo las representamos mentalmente. Los niveles más bajos de representación nos llevan a pensar en los detalles y en «cómo» hacer algo. Los niveles más altos dan lugar al pensamiento abstracto sobre los principios y sobre «qué» hacer con algo, «por qué» hacerlo y «si» debemos hacerlo. El capitán Lee estaba pensando en un nivel bajo de representación: se estancó en cómo aterrizar el avión. Moore y Grove también se quedaron atascados en un nivel de representación bajo: cuál era la mejor manera de fabricar chips de memoria. He aquí la regla que puedes aplicar: una mayor distancia psicológica propicia niveles más altos de representación. Cuando Moore y Grove se distanciaron imaginándose que eran otra persona, pasaron a un nivel de representación superior, y la cuestión de si debían fabricar chips de memoria se colocó en primer plano.

Los niveles más altos de representación también nos centran en lo deseable que puede ser algo o en un estado final ideal, en contraposición a la mera viabilidad. Este tipo de pensamiento se caracteriza por una flexibilidad y un autocontrol mayores, y nos hace más resistentes a la tentación y la manipulación.

La mente del yo centrado en sí mismo piensa «¿Cómo aterrizo el avión?», mientras que la mente distanciada se pregunta «¿Debo aterrizar el avión?». He aquí algunas diferencias entre la representación de bajo nivel y la de alto nivel.

NIVEL DE REPRESENTACIÓN	
BAJO	**ALTO**
Concreto	Abstracto
Práctico	Ideal
Cerca (yo, espacio, tiempo)	Lejos (yo, espacio, tiempo)
Centrado en «cómo»	Centrado en «qué», «por qué», «si»
Sobre mí	Sobre otra persona
Más cerca	Más lejos

| NIVEL DE REPRESENTACIÓN ||
BAJO	ALTO
Más pronto	Más tarde
Regulación emocional deficiente	Buena regulación emocional
Más expuesto a la tentación	Menos expuesto a la tentación
Más sentido de culpa sobre hechos pasados	Menos sentido de culpa sobre hechos pasados
Peores decisiones	Mejores decisiones

No es que los niveles de representación altos y bajos sean mejores o peores. Se trata de que necesitamos elegir el nivel de representación que se ajuste a lo que tratemos de hacer. Si vamos a tomar una decisión, hay que invocar un nivel más alto de representación para tener perspectiva y distancia. Si la tarea que nos proponemos es avanzar en un proyecto, hemos de adoptar una actitud práctica, para la que nos hará falta un nivel de representación más bajo.

Yaacov Trope, de la Universidad de Nueva York, y Nira Liberman, de la Universidad de Tel Aviv, desarrollaron la teoría de los niveles de representación con el fin de explicar por qué pensamos en niveles de abstracción y horizontes mentales tan diferentes, y para ayudar a las personas a trascender las preocupaciones egocéntricas del aquí y el ahora.[4] La solución que proponen estos investigadores es cambiar el modo en que representamos mentalmente un hecho o una decisión, ya sea en términos de detalle (es decir, un nivel más bajo) o de contexto (cuando nuestro propósito es más abstracto). Cuanto mayor sea el contexto y más abstracto el propósito, más amplio deberá ser nuestro horizonte mental.

El estudio inicial de Liberman y Trope examinaba específicamente la dimensión temporal: la distancia en el tiempo, lo lejos que se sitúa algo respecto a nuestro presente.[5] Su investigación se basa en el **sesgo cognitivo de descuento hiperbólico**, por el que, a medida que avanza el tiempo, cada incremento adicional importa cada vez menos. Por ejemplo, la diferencia que existe entre ahora y dentro de una semana parece mucho mayor que la que hay entre dentro de cincuenta y dos y dentro de cincuenta y tres semanas, a pesar de que la distancia temporal es la misma en los dos casos. El sesgo nos hace valorar más lo que ocurre ahora o lo que sucederá en el futuro inmediato que lo que pasará en el futuro lejano. El estudio también demostró que, cuando la gente piensa sobre hechos o cuestiones alejados en el tiempo, se centra en «por qué» hacer algo o en «qué» hacer, en lugar de en «cómo» hacerlo.

A los participantes se les dio una lista de actividades, como «cuidar plantas en casa», y luego se les pidió que escribieran frases abiertas que describieran esas actividades en relación con el día siguiente o al cabo de un año. Las respuestas se clasificaron en función del nivel de pensamiento. Las más abstractas, de nivel de representación más alto, se correspondían con una estructura lingüística en la que la oración principal no contenía la actividad (cuidar las plantas), como «La habitación tiene mejor aspecto cuando cuido las plantas», que indica un nivel alto de representación mental. Las frases que indicaban un nivel de representación más bajo eran del tipo «Cuido las plantas regándolas». Al describir las tareas teniendo en cuenta el espacio temporal de un año, la gente escribía frases más abstractas. Si el periodo era de un solo día, las frases eran más concretas.

Liberman y Trope elaboraron su teoría para incluir otras maneras de acceder a niveles altos de representación más allá de la distancia temporal: la distancia de uno mismo o social y la distancia espacial. La **distancia de uno mismo**, similar a la distancia social desde una perspectiva sociopsicológica, se refiere a adoptar un punto de vista que no sea el propio, como cuando Moore y Groove tomaron el de la persona que los sustituiría. La **distancia espacial** se remite a adoptar una posición lejana a nosotros en el espacio, como si, por ejemplo, imaginamos (o visualizamos) cómo se ve la Tierra desde la Luna, o cómo se ve nuestro patio trasero desde la perspectiva de nuestro vecino.

Al manipular el «quién», el «dónde» y el «cuándo» creamos una distancia psicológica (o la reducimos); cuanto mayor sea esa distancia, mayor nivel de abstracción tendrá nuestro pensamiento. Estas dimensiones de distancia se vinculan y se refuerzan mutuamente. Por ejemplo, al imaginar que estamos en una ubicación distinta, también podemos ponernos en la piel de otra persona. Y la distancia temporal se asimila igualmente a la espacial. Van juntas: algo que sucedió hace mucho tiempo está lejos de nosotros.

Para tomar mejores decisiones necesitamos pensar de manera distanciada. Desde lejos seremos capaces de salir de la maleza, de centrarnos en lo que es importante y de pensar en términos de «por qué» y «qué». No olvidemos que la ejecución inmediata y detallada del «cómo» también es necesaria. Por ejemplo, si estamos caminando por un sendero que rodea un precipicio, necesitamos prestar atención a dónde ponemos los pies; o si nos encontramos en la etapa de ejecución de un proyecto grande, hemos de centrarnos en los detalles de cada fase. Sin embargo, si hemos pedido a alguien que nos dé su opinión y tenemos que procesar su respuesta, o si queremos tomar mejores decisiones en la vida, tanto sobre el trabajo como sobre las relaciones o el futuro, resulta más efectiva la perspectiva más amplia del «por qué» y el «qué». Cuando te haga falta, puedes salir de manera intencionada del estado centrado en ti mismo a fin de distanciarte para adoptar un nivel de pensamiento más alto. La alternativa es permanecer estancado en la perspectiva del yo aquí y ahora.

Ver con claridad lo que ya sabemos

Es muy revelador lo que ocurrió cuando Intel notificó a sus clientes que la empresa ya no fabricaría chips de memoria. Como la empresa temía su reacción, controló cuidadosamente cuándo y cómo se llevaría a cabo esta comunicación. Al final resultó que no fue una novedad para nadie. De hecho, algunos clientes comentaron que les extrañaba que hubieran tardado tanto tiempo en dar el paso. Como reconoció Grove: «La gente de fuera veía claramente lo que no eran capaces de ver los de dentro».[6]

Al apartar su ego, Moore y Grove procesaron la decisión de un modo que no les juzgaba a ellos mismos, sino a «otras personas», en un acto que no los amenazaba y no los pondría a la defensiva. Estuvieron atrapados en un nivel de representación bajo hasta que salieron de sí mismos y consideraron la situación desde un nivel más alto, lo que les permitió ver su posición más claramente, sin estar ligados a su identidad de fabricantes de chips de memoria. Dejaron de estar estancados en la pregunta de «cómo» continuar fabricándolos. Ya podían sopesar la cuestión que antes les había parecido inaceptable: «¿Debemos seguir haciendo chips de memoria?». Fueron capaces de elevar su pensamiento instantáneamente al «qué», el «si» y el «por qué».

Moore y Grove dieron el giro a los microprocesadores cuando se convirtieron en otras personas, aquellas que los podrían reemplazar. El distanciamiento espacial que se activó al contemplar la noria lejana no fue una coincidencia. Grove recordó ese detalle doce años más tarde, cuando escribió su libro. Aquella imagen lo había anclado en «otro lugar», y esto lo ayudó a distanciarse psicológicamente de sí mismo. Los directivos determinaron entonces lo que mejor serviría a los intereses de Intel en adelante, en «otro tiempo», pasaron a una etapa diferente y dejaron atrás la de los chips de memoria.

Moore y Grove no fueron los únicos que afrontaron cambios en el mercado; lo mismo le ocurrió a Digital Equipment Corporation (DEC), también conocida simplemente como Digital, con sede en Maynard (Massachusetts), al lado de Concord, población donde creció David. Los padres de algunos de sus amigos del instituto también trabajaban allí. Ken Olsen la cofundó en 1957 y fue su presidente hasta 1992. DEC era conocida por sus miniordenadores de alta calidad del tamaño de frigoríficos, los más pequeños que, en aquella época, podían ejecutar el potente lenguaje de programación UNIX, hasta que llegaron los microordenadores con microprocesadores de Intel.

DEC perdió el tren del cambio a los microordenadores. En ese momento, Ken Olsen llevaba más de veinte años de presidente de la empresa, y su mentalidad se reflejaba en esta afirmación: ¡DEC es los miniordenadores, y los miniordenadores son DEC! Tras el cambio en el mercado, se vio obligado a abandonar la compañía que él mismo había puesto en marcha.[7] Resulta fácil decir que lo que le ocurrió a Olsen fue un fallo de interpretación del mercado y del análisis de las tendencias, pero es probable que el problema fuera que DEC estaba sumida en su propia visión del mundo y anclada en sus decisiones pasadas.

El distanciamiento ayudó a Gordon Moore a soltar el pasado y decir: «Salgamos del mercado de los chips de memoria». Sabemos cómo le funcionó esa actitud: en 2024, el 64 % de los ordenadores de sobremesa y el 75 % de los portátiles tenían microprocesadores de Intel.

¿Cómo creamos esta distancia psicológica? ¿Cómo salimos de nuestra propia cabeza para tomar mejores decisiones y rendir más? Moore y Grove imaginaron que eran las personas que los iban a sustituir. Nosotros podemos imaginar que representamos cualquier papel: un exjefe muy querido, un colega en quien confiamos, un padre que apoya a sus hijos, un amigo íntimo. Sin embargo, hay un rol que resulta muy accesible, potente y efectivo, como hemos comprobado muchas veces: el de consejero.

El yo distanciado como consejero

¿Qué tienen en común los mejores deportistas y algunos de los directores ejecutivos de mayor éxito?

Todos ellos disponen de un consejero (léase coach, asesor, mentor o entrenador, en función del contexto). Atul Gawande, cirujano famoso y autor del superventas *El efecto Checklist*, describió esta figura en un artículo del *New Yorker*:

> No son maestros, pero enseñan. No son tu jefe —en el tenis, el golf o el patinaje profesional, el deportista contrata y despide al entrenador—, pero pueden ser mandones. Ni siquiera tienen que ser buenos en el deporte en cuestión. El famoso entrenador Bela Karolyi no tenía flexibilidad ninguna. Lo que principalmente hacen estas figuras es observar, juzgar y guiar.[8]

¿Juzgan? Sí, tienen que hacerlo. Queremos que nuestro consejero sea perceptivo y valore cómo actuamos y lo bien que podríamos hacerlo, y que nos ayude a salvar la diferencia entre una cosa y la otra. Nuestro consejero está de nuestro lado. Quiere lo mejor para nosotros, y aplica su mejor juicio objetivo a ponernos en el camino de una mejora continua.

Sin embargo, no todo el mundo puede permitirse tener un entrenador, un mentor o un coach. Asimismo, aunque lo tuviéramos, sería posible que esa persona no estuviera presente justo cuando necesitamos actuar, ya se trate de tomar una decisión, exponer un proyecto en el trabajo o reaccionar ante un contratiempo.

Cuando estamos centrados en nosotros mismos, adoptamos la perspectiva del yo aquí y ahora, pero podemos convertirnos en la figura de un consejero mediante un distanciamiento del yo, o mediante un distanciamiento espacial o temporal: «ser otra persona, ubicarse en otro lugar o estar en otro tiempo».

En primer lugar, si adoptamos la posición de un consejero, seremos **otra persona**, lo que activará una distancia psicológica y la perspectiva del observador neutral. En segundo lugar, estaremos **en otro sitio**. Nos encontraremos desplazados físicamente del «campo de juego». Desde la banda, nos veremos como un jugador en un entorno complejo donde hay muchos otros. En tercer lugar, es posible estar **en otro tiempo**. Podemos activar nuestro viajero del tiempo interior y valorar con mayor claridad actos pasados y opciones futuras. Hay que centrarse en el paso que se dará a continuación.

Puedes convertirte en tu propio consejero usando estas herramientas. Al desarrollar estos hábitos, dejarás de estar centrado en ti mismo y contribuirás a que otros también lo logren. Esta perspectiva permite aprender y rendir más, tomar mejores decisiones y disfrutar de relaciones más sanas, porque, al adoptarla, ya no estarás aferrado al ego, a los sesgos egocéntricos y a las actitudes defensivas que limitan tu pensamiento. Lo mejor es que estas técnicas son gratis e inagotables, y se puede acceder a ellas en todo momento. Cualquiera puede activar este superpoder. Una vez que lo hagas, verás el mundo con mayor claridad y tendrás una vida más plena.

SEGUNDA PARTE

Ser otra persona

3

Convertirse en consejero

> Nadie nos adula tanto como nosotros mismos. Y no hay mejor remedio para esa clase de adulación que la libertad de un amigo.
>
> Sir FRANCIS BACON

Un análisis del rendimiento de la dirección ejecutiva y el valor que representa dentro de una empresa, realizado entre compañías del índice S&P 1500, llegó a la conclusión de que, de media, la eficiencia de los directores ejecutivos alcanza su punto más alto tras catorce años en el puesto y empieza a declinar a partir de ese momento.[1] La firma de investigación Spencer Stuart descubrió que los directores ejecutivos experimentan el cénit de su rendimiento entre el año undécimo y el decimocuarto de su ejercicio. Bill George, coach de directores ejecutivos y adjunto de dirección en la Harvard Business School, estima que el punto óptimo se da a los diez años de ejercicio. Sin embargo, el pico de mayor eficiencia puede llegar incluso antes. Un artículo del *New York Times* de mayo de 2024 titulado «Los directores ejecutivos que no quieren dejarlo» citaba un estudio de amplia base que, realizado por Xueming Luo y otros colegas, abarcaba 356 empresas de Estados Unidos y China e identificaba que el periodo ideal de ejercicio de la dirección ejecutiva era de 4,8 años.[2]

Por supuesto, existen excepciones. Warren Buffett lleva más de cincuenta años como director ejecutivo de Berkshire Hathaway, cuyas acciones siguen fuertes. Jensen Huang lleva tres décadas como director ejecutivo de NVIDIA y el valor de sus acciones se ha disparado más de un 3.000 % en los últimos cinco años. Pero, en general, las pruebas indican que la mayoría de los líderes pierden eficiencia con el paso del tiempo. Dicho con otras palabras, se convierten en parte del problema.

Una de las razones por las que disminuye la eficiencia es que, a medida que los directores ejecutivos se afianzan en sus puestos, acuden más a las redes internas para obtener información. Otra es que, como cada vez están más comprometidos con la empresa, empiezan a ser más reacios a las pérdidas, por lo que favorecen las decisiones que tienden a evitarlas, en lugar de perseguir ganancias. Es decir, empiezan a «jugar para no perder», en lugar de «para ganar».

Los expertos en gestión Donald Hambrick y Gregory Fukutomi, de la Universidad de Columbia, explican el auge y la caída de la eficiencia de los directores ejecutivos en términos de etapas.[3] Para los líderes empresariales, las primeras etapas se caracterizan por un aumento de la eficiencia a medida que conocen la empresa y el funcionamiento del sector y perfeccionan su oficio. En las últimas fases, su trabajo se define por un compromiso cada vez mayor con su propia forma de ver el mundo, o lo que Hambrick y Fukutomi llaman el «paradigma del director ejecutivo», su comprensión de cómo funciona la empresa dentro del sector para obtener beneficios. Para Moore y Grove, el paradigma eran los chips de memoria. Como dijo este último: «Al fin y al cabo, los chips de memoria éramos nosotros».

Hambrick y Fukutomi explican que el compromiso creciente con este paradigma gira en torno a tres factores principales: la apuesta previa, la visibilidad y la longevidad. En primer lugar, una vez que un director ejecutivo ha apostado por algo, le es más difícil cambiar de dirección o dar marcha atrás. Esto es así tanto si se trata de una nueva iniciativa o línea de productos como en el caso de una inversión financiera que se encuentra en niveles bajos, pero en cuya recuperación se confía. Tal y como señalan los autores: «Con el paso del tiempo, crece inexorablemente la apuesta psicológica del ejecutivo por su paradigma».

En segundo lugar, los directores ejecutivos toman decisiones en público que todo el mundo conoce: empleados, clientes, inversores, colegas y competidores, entre otros. Estas decisiones están sujetas a juicios, cuestionamientos, críticas y hasta posibles burlas. Si estos cargos se desdijeran o cambiaran de dirección, podría tachárseles de indecisos, inseguros o volubles. Si no son capaces de decidirse, ¿de qué sirven como líderes?

Y, por último, los directores ejecutivos consideran que la continuidad en el puesto es la validación de su paradigma. Cuanto más tiempo permanezcan en la cúpula, más creerán que su enfoque es el correcto. Como señalan Hambrick y Fukutomi, este pensamiento es lógico, puesto que «por regla general, los directores ejecutivos siguen en sus puestos solo si su rendimiento es satisfactorio». Nótese que dicen «satisfactorio». En otras palabras, no es que sus resultados tengan que ser extraordinarios, basta con que sean lo bastante buenos para que no se los despida. Mientras tanto, cuando reciben elogios por su trabajo, algo que ocurre a menudo en su entorno, inclusive de los empleados, su paradigma se afianza cada vez más. Volviendo a Moore y Grove, ellos mitigaron el efecto de la duración prolongada considerando el problema como si estuvieran en su primer día de trabajo.

ESTRATEGIA 1: Ponte en el lugar de alguien que podría sustituirte.
Digamos que llevas mucho tiempo tratando de tomar una decisión. Sal de la habitación y conviértete en otra persona. Imagina que eres

quien podría sustituirte. Deja a un lado tu puesto, el tiempo que lleves en él y los apegos que hayas desarrollado. Sabes poco de la empresa y menos aún sobre por qué se hacen las cosas de un modo determinado. No tienes ningún apego particular a ninguna política o producto de la compañía. ¿Te sientes cómodo ya en tu nueva identidad? Ahora vuelve a entrar en la habitación. ¿Qué harías de manera diferente?

Los directores ejecutivos no son las únicas personas susceptibles de experimentar estos efectos. Cuando David era comandante del submarino nuclear USS Santa Fe se reunía con los tripulantes que cumplían tres años de servicio. Por regla general, a los miembros de la tripulación se les asigna a un barco por un periodo de entre tres y cinco años. David quería que los que cumplían periodos más largos se mantuvieran frescos, para evitar el mismo tipo de atrincheramiento del que pueden ser víctimas los directores ejecutivos. Los enviaba a casa durante el fin de semana con el encargo de que hicieran un reseteo, igual que Grove y Moore. Cuando volvían el lunes, les pedía que imaginaran que eran otra persona, por ejemplo, que venían de un submarino distinto o de otro servicio, para que vieran las cosas con otros ojos.

ESTRATEGIA 2: Empieza de cero. También puedes probar otra cosa. Cuando te vayas de vacaciones, haz un reseteo completo. Podría bastar con una semana. Otra opción sería trabajar temporalmente en otro departamento. Algunas empresas hacen pasar deliberadamente a sus empleados por distintas funciones para crear una sensación de novedad, o les ofrecen años sabáticos para que obtengan una nueva perspectiva que puedan aplicar a su puesto. Cuando regreses, asume de manera intencionada el trabajo como si fueras otra persona que empezase de cero. Toma nota de tus observaciones.

El objetivo es separarte de manera periódica de tu actual paradigma. Una consecuencia significativa del compromiso de los directores ejecutivos con su actual paradigma es que la diversidad de sus fuentes de información disminuye. En las primeras etapas, estos cargos empiezan buscando dosis adecuadas de información externa sobre la situación de la empresa y sobre cómo actuar al respecto. Por regla general, la proporción de información está equilibrada, ya que la mitad proviene de fuentes externas y la otra mitad de fuentes internas. A medida que el director ejecutivo se sienta más seguro de que ha aprendido los entresijos y de que las fuentes internas son lo bastante fiables, mostrará menos interés por las externas y terminará decantándose por las internas.

Como consecuencia, se dará un estrechamiento de la información, que se irá reforzando a sí mismo. Los directores ejecutivos prestarán más atención a los empleados que les digan lo que quieren oír y, por eso mismo, recibirán más opiniones de este tipo. Este filtro activo, combinado con el sesgo de confirmación natural, dará lugar a un bucle en el que el directivo atenderá solo a la información que concuerde con su paradigma. Mientras tanto, disminuirá la atención que dedica a las fuentes de información externa, más incómodas, diversas o discrepantes, o las ignorará. Recordemos cómo se autoconvencieron los ejecutivos de Boeing sobre la necesidad de comercializar rápidamente el 737 MAX.

Podemos acudir también a los ejemplos que nos proponen las obras de ficción, como la novela *Matar a un ruiseñor*. En ella, el juez Taylor intenta llevar el proceso de manera que Tom Robinson, el acusado negro, no sufra discriminación.[4] Taylor observa los evidentes prejuicios de los miembros del jurado y la inequidad del procedimiento, y amonesta a la sala: «Generalmente, la gente ve lo que busca ver y oye lo que busca oír». Al mismo tiempo, el juez permanece ciego a algunos de sus propios sesgos, particularmente en lo que se refiere a su aceptación de ciertas estructuras y prejuicios raciales más amplios que se dan en la población de Maycomb.

En política, los déspotas que se perpetúan en el poder endurecen su posición; los políticos de ambos lados del espectro quedan atrapados en su propia caja de resonancia. Por eso es tan procedente la limitación temporal de los mandatos. Cuanto más tiempo un gobernante permanezca en el cargo, más se reflejará en su entorno el egocentrismo.

Considera las implicaciones que tendría que el pico de eficiencia de cada área de nuestra vida fuera comparable al periodo óptimo que señalan los estudios para los directivos. ¡Quince años como máximo! Todos nos quedamos atascados en nuestros propios paradigmas y en nuestras visiones del mundo, tanto en el trabajo como en la vida personal. Y este estancamiento viene reforzado por los algoritmos de las redes sociales, que nos muestran constantemente el mismo tipo de cosas que ya hemos visualizado. Como cada vez estamos más cómodos, nos sentimos mejor con nosotros mismos, pero a costa de distorsionar la realidad y de tejer redes de apegos a nuestras decisiones y creencias previas. La curva de aprendizaje se aplana y se producen pocas ganancias adicionales. Al final, los resultados negativos superan a los positivos, y nuestra curva de eficiencia comienza a declinar. Nos separamos de la verdad de lo que ocurre a nuestro alrededor. Si pudiéramos vernos como nos ven los demás, estaríamos mucho más cerca de la realidad.

Para llegar hasta ahí, necesitamos adoptar un punto de vista alternativo. Llámalo adoptar otra perspectiva, desempeñar un nuevo rol, interpretar un nuevo papel o ponerse en la piel de otra persona. Estas expresiones y otras nos ayudan a salir de la perspectiva centrada en uno mismo, ver la realidad con mayor claridad, comprender la situación, decidir el siguiente paso y luego volver a nosotros mismos para actuar en consecuencia.

Cuando la ignorancia es buena

Las Fuerzas Armadas suizas van a reemplazar su principal aeronave de combate, el F-18, por el F-35. El F-18 que adquirieron los suizos, más antiguo, un avión de cuarta generación que todos conocemos por la película *Top Gun*, tiene una configuración de aire-aire. Sin embargo, el F-35 les proporcionará la capacidad de realizar también ataques aire-tierra, y además es treinta años más moderno que el F-18. Las nuevas características logísticas y tecnológicas hicieron necesarios ciertos cambios de personal, políticas y líneas de comunicación, lo que dio lugar a una reestructuración organizativa considerable.

Uno de los problemas que Peter Merz, el general al mando de la Fuerza Aérea suiza, sabía que tendría es que, después de la reorganización, la gente seguiría viéndose como si estuviera en el mismo departamento que antes. Los artilleros actuales se verían como artilleros futuros, y lo mismo ocurriría con los encargados de logística, etcétera. Semejante apego entorpecería el desarrollo de una organización más eficiente. Suele ser bastante difícil ejecutar bien las reorganizaciones porque hay muchas emociones en juego, y las personas desean conservar el poder, el *statu quo* y el sentido de identidad y comunidad.

Para sortear estas tendencias humanas naturales, el general Merz pidió a los miembros del equipo de planificación, y luego a toda la Fuerza Aérea, que imaginaran que no sabían dónde se encontrarían o qué serían después de la reorganización, con el fin de romper las presuposiciones y las lealtades tribales. Este concepto se conoce como «velo de la ignorancia», y se lo debemos al filósofo John Rawls, quien sugirió que habría que plantear desde cero la construcción de nuevas estructuras e instituciones sociales, en lugar de modificar las ya existentes. De manera más concreta, Rawls propuso un experimento mental en el que los responsables de formular los principios rectores de una sociedad justa los formularían sin conocer cuál sería su propia identidad o estatus (es decir, ningún responsable sabría si sería hombre o mujer, rico o pobre, joven o viejo; ni si estaría sano o enfermo o cuál sería su oficio o profesión). Esta forma de «ignorancia» haría que las leyes resultaran imparciales para cualquier persona y que, por tanto, se alcanzase el mayor bien común posible.

Como ves, el velo de la ignorancia invita a adoptar la misma mentalidad que la táctica de ser otra persona; en este caso, cualquier otra persona. Es un vehículo para salir de nuestro yo predeterminado, el centrado en sí mismo, y ver la situación de manera más objetiva.

ESTRATEGIA 3: Aplica un velo de ignorancia. Si eres el responsable de una reorganización, invita al equipo a considerar la planificación desde la perspectiva de una persona que desconozca la estructura actual y no tenga ninguna lealtad departamental ni de grupo. Haz que el grupo se centre en la eficiencia de la organización como un todo. Mantén vivo este mensaje.

ESTRATEGIA 4: Coloca un observador externo. Otro momento muy bueno para salir del yo centrado en sí mismo se presenta durante la evaluación de rendimiento o la revisión anual de una empresa. Estas situaciones suelen llevar a que la gente se comporte de manera emocional e invitan a actuar a la defensiva, lo que reduce la eficiencia de la actividad e introduce resentimientos. ¿Cómo te comportarías si hubiera otra persona observando mientras se evalúa el trabajo de tu equipo o el tuyo?

Cómo nos vemos frente a cómo nos ven los demás

Emily Pronin, psicóloga y profesora de Princeton, ha dedicado su carrera a estudiar la asimetría que existe entre la percepción que tenemos de nosotros mismos y la que tenemos de los demás, así como el conflicto y la discrepancia a que da lugar esta brecha perceptiva.[5] La asimetría de la información significa que conocemos de los demás cosas distintas de las que sabemos sobre nosotros mismos. Nos juzgamos según nuestras intenciones (que nosotros conocemos pero los demás no), y juzgamos a las otras personas por su comportamiento (que podemos ver claramente, mientras que ellos no lo perciben). Nuestro punto de vista de los demás es externo y visual; y nuestra comprensión de sus sentimientos, motivaciones e intenciones, limitada.

Por ejemplo, si salimos de casa cuatro minutos tarde y resulta que todos los semáforos están en rojo de camino a la oficina, cuando lleguemos, quizá digamos: «Qué mal estaba hoy el tráfico». Es decir, no nos echaremos la culpa. La culpa será de factores externos: el tráfico o los semáforos. Como les gusta decir mucho a los neoyorquinos: «Los trenes se retrasaron». No llegamos tarde nosotros, sino los trenes. Sin embargo, si alguien con quien tenemos una cita llega tarde, es muy probable que nos apresuremos a pensar que se trata de una persona incumplidora e indisciplinada, o no lo bastante previsora como para usar la alarma del reloj. Tendemos a culpar a la gente y a juzgarla por sus defectos. Y, a la vez que enseguida ponemos en tela de juicio su carácter, nos inclinamos a atribuir sus éxitos a factores ajenos a su control. Por el contrario, echamos la culpa de nuestros defectos a causas externas y nos atribuimos el mérito de nuestros éxito. Estas autoatribuciones excesivamente benévolas forman la base de nuestros sesgos egoístas. Somos más comprensivos cuando nos miramos a nosotros mismos que cuando contemplamos a los demás.

La visión que tenemos de nosotros mismos suele basarse poco en datos externos o visuales y mucho en nuestras emociones, motivaciones e intenciones. También somos menos conscientes de cómo nos ven los demás en función de nuestra conducta y nuestros actos. Se trata de mirar hacia fuera o hacerlo hacia dentro. Que nos veamos bajo un prisma más favorable que el que aplicamos a otras personas no se debe únicamente al sesgo egoísta, sino que también refleja la diferencia que hay entre la información que tenemos sobre nosotros mismos y la que hemos recabado sobre los demás.

Esta diferencia se puede ilustrar de manera impecable con la herramienta clásica llamada «ventana de Johari», cuyo nombre proviene de los dos psicólogos que la desarrollaron: Joseph Luft y Harrington Ingham. Se trata de una tabla de 2 × 2 que compara (A) lo que sé sobre mí y (B) lo que no sé sobre mí con (1) lo que los demás saben sobre mí y (2) lo que los demás no saben sobre mí. Hay una celda de esta tabla que tiene un interés particular: el punto ciego (B1), que son las cosas que no sé sobre mí, pero los demás sí.

	A. Lo que sé sobre mí	B. Lo que no sé sobre mí
1. Lo que saben los demás	Abierto	*Punto ciego*
2. Lo que no saben los demás	Oculto	Desconocido

Otro ejemplo de cómo procesamos información de manera natural desde una perspectiva centrada en nosotros mismos es el de un estudio clásico sobre la atribución del mérito. No sorprende saber que, al preguntar a los miembros de una pareja por separado qué porcentaje de tareas del hogar asumen, y sumar las respuestas de uno y otro, sale más del 100 % (normalmente, el 130 %).[6] Lo mismo ocurre en los equipos de trabajo; y cuanta más gente haya en el grupo, más alto será el porcentaje final. En cualquier equipo, los participantes caen en el sesgo de creer que han aportado al resultado más de lo que realmente hicieron.

¿Por qué nos atribuimos más mérito del que nos corresponde? Bueno, no es porque seamos unos cretinos y queramos acaparar reconocimiento (al menos, no todo el mundo). La razón es más benigna: simplemente vemos lo que hacemos nosotros, pero no lo que hacen los demás. A causa del llamado «sesgo de disponibilidad», para tomar decisiones utilizamos la información que se encuentra más a mano, sin considerar si es completa o de calidad. Por eso, cuando los investigadores preguntan por la aportación de la persona a un hecho negativo, como una pelea, se da el mismo resultado que cuando se interesan por las tareas del hogar o el trabajo en equipo: la suma sigue superando el 100 %.

Y la cosa no se queda ahí. Tenemos memoria selectiva. El cerebro elige codificar solo la información que concuerda con nuestra autoimagen de miembro que aporta a una relación o a un equipo, un ejemplo del sesgo egoísta en acción. También recordamos más rápido lo que refuerza nuestra autoimagen y nos hace quedar bien. Este recuerdo excesivamente benévolo de nuestra contribución es el resultado de una perspectiva centrada en nosotros mismos, por la que estamos atrapados en nuestra cabeza y experimentamos el mundo solo con nuestros ojos. De modo que, por ejemplo, haber visto el lavaplatos lleno en un momento dado, y vacío más tarde, podría no activar la conclusión de que otra persona lo vació, al contrario de lo que sucedería si viésemos a ese individuo haciéndolo delante de nosotros.

Los investigadores del estudio original sobre la atribución del mérito descubrieron un método para mitigar el recuerdo sesgado de nuestras aportaciones: preparar a la gente para la respuesta haciéndoles pensar primero en algo que hubiera hecho su pareja (o colega en el trabajo) antes de valorar su propia aportación. Comenzar pensando desde el punto de vista de la otra persona ayuda a salir del estado centrado en uno mismo, lo que permite ver las propias aportaciones de un modo más realista.

ESTRATEGIA 5: Considera primero las aportaciones de los demás. Por tanto, la próxima vez que quieras determinar cuánto has contribuido al desarrollo de un proyecto o a la limpieza de la casa, en primer lugar, adopta la perspectiva de la otra persona y ten en cuenta su aportación. Solo después considera cuál ha sido la tuya.

Imaginemos por un momento que el capitán Lee hubiera logrado reconducir el aterrizaje y que el vuelo hubiera concluido sin ningún problema. ¿Cómo recordaría su aportación? Enseguida pensaría en los actos cruciales que realizó y las decisiones clave que adoptó, como tirar de la palanca en un momento dado o percatarse de que los motores estaban al ralentí en otro. Sabría quizá, si se le indicara, que el otro piloto le había hecho comentarios para recordarle algún aspecto, ayudarlo o ampliar su visión del aterrizaje, pero no retendría esa parte. En poco tiempo olvidaría esas observaciones y solo se quedaría con su contribución.

Sobrestimar nuestro talento o conocimiento y subestimar el de otras personas puede dar lugar a distintos problemas. Por ejemplo, cuando asumimos proyectos arriesgados, como empezar un nuevo negocio, sobrestimamos nuestras probabilidades de éxito y subestimamos las de los demás. Asimismo, tras una interacción breve, sobrestimamos el conocimiento que hemos adquirido de otras personas a la vez que subestimamos el que hayan adquirido ellas.

La asimetría de la información nos lleva a creer que nuestras decisiones son correctas porque hemos ejercido el libre albedrío, hemos sido imparciales, somos dueños de nosotros mismos y tenemos la capacidad de pensar por nuestra cuenta. Por el contrario, consideramos que percibimos los casos en los que han manipulado a los demás para que tomen ciertas decisiones, a menudo al objeto de sentirse aceptados socialmente. Creemos que conservamos nuestra independencia, mientras que los demás forman parte del rebaño.

En esencia, funcionamos con una serie de sesgos y distorsiones que hacen que nos veamos mejores y más coherentes internamente de lo que somos en realidad. En su obra clásica *Cómo ganar amigos e influir sobre las personas*, Dale Carnegie comienza recalcando que no nos vemos a nosotros mismos de manera objetiva. Los peores delincuentes afirman que son buenas personas. Incluso después de matar a agentes de policía y ciudadanos inocentes, estos criminales reivindican que tienen buenas intenciones y que en realidad son unos incomprendidos. Enseguida creemos a nuestra voz interior, que nos tranquiliza. Sin embargo, si adoptáramos el punto de vista de un observador (si nos convirtiéramos en otra persona), seríamos capaces de reconocer la total desconexión entre la historia que nos contamos y la que los demás están leyendo.

El cerebro, de manera natural, nos dice que la visión que tenemos de nosotros mismos es correcta y buscamos pruebas que confirmen y validen esa perspectiva en la que nos vemos como una persona amable, que se preocupa de los demás, que es empática, sincera, atlética, saludable, innovadora, creativa, etcétera.

ESTRATEGIA 6: Busca pruebas. Elige una de las cosas que piensas acerca de ti. Ahora imagina que eres otra persona que tiene la oportunidad de observar con frecuencia tu comportamiento. Entonces, poniéndote en su lugar, pregunta «¿Qué pruebas hay de que esa imagen es cierta?» y «¿Qué pruebas hay de que no lo es?».

Esta práctica expone la realidad incómoda y dura de tu auténtico comportamiento, pues esa otra persona en cuyo lugar vas a ponerte no estará al tanto de tus maravillosas intenciones. La estrategia funciona porque ella no ignorará tus defectos solo porque tuvieras buenos propósitos.

ESTRATEGIA 7: ¡Sácame la tarjeta amarilla! Cuando quieras mejorar en algo o cambiar de comportamiento, tu voz interior tratará de convencerte de que ya has conseguido ese objetivo. Te dirás que ya has dejado atrás el antiguo hábito y has adoptado el nuevo. Pero se trata de un autoengaño. Un modo de evitarlo es invitar a otras personas a que te saquen la «tarjeta amarilla». Pueden hacerlo literalmente (como en un partido de fútbol), darte una papeleta (como la de un sorteo) o, para ayudarte a asumir la realidad, multarte con una cantidad simbólica (como diez dólares). Elige a personas a las que puedas hablar abiertamente de tus objetivos, que se pongan de tu parte y te apoyen, pero no tengan miedo de decirte lo que podrías no querer oír. El comportamiento en torno al que gire esta práctica podría ser algo como escuchar con plena atención a los demás o reconocer un trabajo bien hecho, cualquier cosa en la que quieras mejorar de verdad.

Aunque puede que la gente sea reacia a sacarle la tarjeta amarilla a un amigo, colega o jefe, una vez que les expliques que necesitas su ayuda, será más probable que accedan a hacerlo. Empieza con algo sencillo y elige solo un hecho observable. Usa la capacidad que los demás tienen para verte desde fuera. Ellos no sabrán por qué no los has escuchado. Simplemente verán que no lo has hecho porque te has puesto a mirar el móvil durante la conversación o les has interrumpido antes de que acabasen de hablar. Tu primera reacción será probablemente decir «Es que...». Resulta que todos encontramos justificación para estos actos hasta que se nos obliga a verlos a través de los ojos de otra persona.

En el estado centrado en uno mismo crecen los puntos ciegos y las áreas ocultas, que son puntos de desconexión de la realidad. No somos conscientes de que sabemos cosas sobre nosotros mismos, como la intención de ser puntuales, que los demás desconocen, y las usamos para justificar nuestro comportamiento.

Un estudio reciente sobre la costumbre de ponerse a mirar el móvil cuando se está hablando con otra persona ilustró esta asimetría. Cuando alguien contesta un mensaje o consulta sus redes sociales mientras mantiene una conversación cara a cara, es fácil que su interlocutor se moleste y se sienta ignorado. Si nos lo hacen, nos parece una falta de respeto y de educación, propia de alguien egocéntrico, lo que resta satisfacción a la charla.

Sin embargo, cuando sentimos la necesidad de mirar el móvil mientras hablamos con alguien, nos justificamos ante nosotros mismos, incluso si percibimos que la interacción se empaña cuando nos lo hacen a nosotros. Atribuimos nuestro comportamiento a intenciones positivas y sobrestimamos nuestra capacidad multitarea.[7] Habrás notado que el error es también asimétrico en este caso. Es mayor al analizar los efectos de nuestra conducta, mientras que la interpretación del efecto del comportamiento de los demás suele ser más acertada, sobre todo si somos meros observadores neutrales. Imagina que estás viendo un vídeo donde sales manteniendo una conversación. Te sorprende el número de veces que miras el móvil, pero ahora sabes la verdad. Has salido del estado centrado en ti mismo y has podido verte como si fueras otra persona, sin distorsiones.

Personajes

Por regla general, se puede eliminar el punto ciego adoptando la perspectiva de otra persona. En sus clases, Mike observó que muchos alumnos no abordaban algunos puntos clave de los temas que les proponía para los trabajos escritos. Parecía como si se hubieran pasado todo el tiempo redactando el texto, sin dedicar ningún momento a evaluar si habían tocado todos los puntos del tema en cuestión. Así que probó algo nuevo que requería que los alumnos fueran «él» por un momento antes de entregarle el texto. En lugar de limitarse a darles el título del trabajo, del cual muchos hacían caso omiso, les pidió también que se pusieran nota a sí mismos en función de cómo hubieran tratado el tema del título. Así los obligó a salir de la perspectiva centrada en sí mismos para convertirse en evaluadores distanciados.

Esta táctica le funcionó sorprendentemente bien. En primer lugar, los trabajos mejoraron, y hubo menos estudiantes que dejaran sin tratar algún punto del tema propuesto. En segundo lugar, este enfoque proporcionó a los alumnos una oportunidad de aprendizaje más crucial que la de realizar un trabajo escrito. Si la nota que se había dado el alumno a sí mismo se acercaba a la que Mike le habría puesto, este la dejaba tal cual, con lo que no solo se reforzó el ejercicio escrito, sino también el de la autoevaluación distanciada.

ESTRATEGIA 8: Crea tú mismo los criterios de evaluación. Antes de sumergirte en un proyecto o una actividad, imagina que eres un consejero y sé claro sobre lo que intentas conseguir. ¿Cómo podrías saber que has alcanzado tus objetivos? Ponlos por escrito. Crea tus propios criterios de evaluación. Luego déjalos a un lado y ponte a trabajar. Al final, vuelve al papel de consejero, repasa los objetivos que determinaste al principio y evalúa tu trabajo.

Cuando nos ponemos en la piel de alguien (por ejemplo, un colega en quien confiemos, un evaluador objetivo o un instructor benévolo), nos convertimos en esa persona, lo que nos aporta una perspectiva más clara. Pero también puede beneficiar nuestro rendimiento o nuestra persistencia.

Beyoncé es una de las cantantes más populares de todos los tiempos. Es una mujer audaz y segura de sí misma, ¿verdad? Bueno, pues ella ha dicho lo contrario. A Oprah le explicó: «Era incapaz de salir al escenario y hacer mi trabajo».[8] Para convertirse en la fabulosa intérprete que quería ser, Beyoncé creó un *alter ego* intrépido, osado y glamuroso. Antes de salir al escenario, esta artista se convierte en otra persona. Se transforma en Sasha Fierce y ofrece una interpretación espectacular. Es un estado pasajero. Cuando acaba la actuación, vuelve a aparecer la «verdadera» Beyoncé.

Los *alter ego* como Sasha Fierce son bastante comunes. Cuando nos convertimos en nuestros *alter ego*, dejamos atrás nuestro cuerpo, las inseguridades y los miedos. Nos convertimos en alguien diferente.

Transformarse en otra persona también mejora la persistencia de la conducta deseada. Dejando a un lado los superpoderes que acompañan a la mayoría de los *alter ego* que vemos en las pantallas, un equipo de investigación de varias universidades puso a prueba lo que se conoce como «efecto Batman»: la mejora de la perseverancia mediante la imitación de una persona que nos parece ejemplar.[9] Llevaron al laboratorio a niños de entre cuatro y seis años para realizar una tarea en un ordenador portátil. Los críos tenían que pulsar la barra espaciadora del teclado cada vez que vieran un trozo de queso en la pantalla. Les dijeron que no tenían que hacer nada si veían un gato. La tarea había sido diseñada para que fuera larga y aburrida, pero a los chavales se les indicó que esta era una labor importante y que el esfuerzo que hicieran resultaría de gran utilidad.

Dividieron en tres grupos a los 180 niños que participaron en el estudio. A los del primero les dijeron que pensaran en sus emociones y que se preguntaran: «¿Estoy esforzándome?». A los del segundo les pidieron que se hicieran la misma pregunta, pero en tercera persona, usando su nombre de la siguiente manera: «¿Está [nombre] esforzándose?». Los del tercer grupo tenían que pensar en alguien que fuera un tipo duro, como Batman, y preguntarse: «¿Está Batman esforzándose?». Para afianzar el mensaje, también les proporcionaron una capa.

Como cabía esperar, los niños del grupo de Batman persistieron más, seguidos por los del grupo que usaba la tercera persona. Los que menos persistieron fueron los del grupo en el que los chavales estaban centrados solo en sí mismos. Naturalmente, los niños de seis años persistieron por regla general más tiempo que los de cuatro, pero los de cuatro años que se metieron en el papel de Batman aguantaron tanto como los de seis años que no habían adoptado ningún personaje. Cuando los niños se convertían en Batman se esforzaban más.

Cuando nos imaginamos como otra persona, accedemos a las fortalezas de ese *alter ego* y dejamos a un lado las inhibiciones y los apegos a las decisiones anteriores. Sin embargo, para aplicar este efecto a nuestra vida diaria, necesitamos captar bien esa perspectiva y llevarla a nuestra realidad cotidiana o, como mínimo, a las decisiones que afrontamos en cada momento.

Es fácil decir «sé otra persona» o «sé un consejero», pero ayuda tener claro en quién te vas a convertir para «no ser tú».

En otro idioma

La razón por la que funciona convertirte en otra persona, por ejemplo, en la figura de un consejero, es que sales de tu yo centrado en ti, y sueltas el bagaje de las decisiones previas, los prejuicios y tus ideas sobre la persona que eres. Al menos en parte, es incluso posible neutralizar las creencias profundamente arraigadas que has heredado de tu entorno sociocultural.

Tenemos pruebas reveladoras de nuestra capacidad de desprendernos de los sesgos derivados de la experiencia personal; estas evidencias provienen de estudios que analizaron los efectos que tiene en la toma de decisiones reflexionar en otro idioma sobre un problema. En un estudio con el elocuente título «Piensa Twice», Albert Costa y sus colegas asignaron a personas bilingües hablantes de inglés y español tareas de toma de decisiones bien en inglés, bien en español.[10] Algunos eran hablantes nativos de inglés, y otros de español.

El estudio se centraba en un sesgo específico que se da en la toma de decisiones: la aversión a la pérdida, que nos lleva a valorar las cosas que tenemos más que las que no poseemos. Por ejemplo, nos duele más perder veinte dólares que teníamos de lo que nos complace encontrar un billete de esa cantidad. Este sesgo origina muchas distorsiones cuando tomamos decisiones, desde la intensificación del compromiso hasta retirarse demasiado tarde. Incluso influye en cuándo elegimos jubilarnos. El estudio puso de manifiesto que se mitigaban los efectos de la aversión a la pérdida cuando la gente pensaba en el problema en una lengua no nativa.

Un estudio sobre la percepción del dolor muestra un efecto similar en la capacidad de despojarnos de nuestra programación socioemocional. Cuando la gente informaba de un dolor en su lengua nativa, lo percibía como más intenso que al hacerlo en otro idioma. Presumimos que ocurre así por la misma razón por la que se mitiga la aversión a la pérdida: cuando cambiamos a una lengua de la que no somos hablantes nativos, por muy bien que la dominemos, se da una separación de nuestro yo totalmente centrado en sí mismo.[11]

¿Cómo es el consejero?

Antes de que falleciera Kahneman, la exjugadora de póquer profesional Annie Duke, que hoy escribe sobre técnicas cognitivo-conductuales y toma de decisiones, habló con él sobre el secreto de saber elegir el momento justo para retirarse, el tema de su libro superventas *¡Abandona! El poder de saber cuándo retirarse a tiempo*.[12] Kahneman le dijo: «Lo que todos necesitamos es el amigo que realmente nos quiere y a quien no le importa herirnos los sentimientos cuando hace falta».[12] La belleza de esta recomendación es que, en realidad, tenemos la capacidad de ser esa persona para nosotros mismos.

¿Cuántas veces has visto que un amigo íntimo o un miembro de la familia pareciera estar ciego ante un problema que a ti te resultaba obvio? Bueno, pues deberías saber que, por cada vez que has estado en esa situación, ellos también te han visto cegado ante una situación que les resultaba evidente. Pongamos el caso de la crianza de los hijos. ¡Qué fácil es hablar cuando estos son de otra persona! Si tus niños se portan mal en público, para ti es solo otro día más de tu vida familiar. En cambio, cuando son de otros, te preguntas por qué insisten los padres en fomentar ese mal comportamiento. Hay más probabilidades de que veamos los problemas en los actos y decisiones de los demás que en los nuestros.

Un ejemplo muy citado de esta ceguera se encuentra en la historia de Salomón, el antiguo rey de Israel. De todas partes del mundo conocido viajaba gente a pedirle consejo, y siempre respondía con sabiduría, salvo cuando los asuntos lo concernían a él mismo. Salomón era un mal padre, y sus hijos se convirtieron en tiranos; tenía muchas amantes, y vivía con una extravagancia cortoplacista. Al final de su vida se había convertido en un rey avariento, no mejor que cualquiera de aquellos contra los que se sigue arremetiendo aún hoy, siglos después. Este legado ha dado lugar a lo que se denomina «paradoja de Salomón»: mucha sabiduría cuando se trata de los asuntos de los demás, pero necedad en lo que concierne a uno mismo.[13]

Convertirnos en consejero puede ayudarnos a evitar ese destino tan cruel, pues nos permitirá valorar cualquier situación a distancia. El consejero es un observador independiente, alguien separado de ti que te ve como eres, de forma realista. Actúa en tu interés. Es realista a la vez que te apoya y alienta. Ve tus errores y tus pobres excusas sin juzgarlos, y valora el progreso por encima de la perfección.

¿Quién sería para ti el consejero? ¿Una figura materna o paterna? ¿Una combinación enriquecedora de tus seres queridos, en quienes confías? ¿Qué cualidades y atributos tendría? ¿Y qué aspecto?

No es necesario que sea una persona real específica (o varias), pero, desde luego, podría inspirarse en una de este tipo: Nelson Mandela, Oprah Winfrey, Bill Belichick, Buda, Chuck Norris, Dolly Parton, Dale Carnegie, Malala Yousafzai, Gandhi, Jesucristo, Michelle Obama, John Wayne, John Wooden, la madre Teresa de Calcuta, Mahoma, Peter Drucker, Melinda Gates, Phil Jackson, Steven Spielberg, Tony Dungy o Warren Buffet. También podría ser un personaje de ficción: Yoda, Katniss Everdeen, Robin Hood, Black Panther, Jo March, Supergirl o Jack Reacher.

Lo importante es que el consejero no eres tú. Ya supondría una mejora que fuera cualquiera distinto de ti. Y no hace falta que sea la misma persona en todas las situaciones. Por ejemplo, podrías ser Suze Orman para las decisiones financieras, pero la juez Judy para arbitrar una disputa entre hermanos.

Cuando vuelvas a ser tú, deja «fuera» la imagen del consejero, que sigue observándote con la misma imparcialidad. Puedes usar esta imagen para tener a alguien a quien rendir cuentas: te obligas a seguir el plan para que el consejero se sienta orgulloso de ti. Si te flaquea la motivación, él te animará: «¡Venga, que tú puedes!». Al convertirte en consejero, te ayudarás como no podrías hacerlo de ningún otro modo.

ESTRATEGIA 9: **Elige la forma que adopta el consejero.** Piensa en una decisión que tengas que tomar. Para esa situación en concreto, elige en quién quieres convertirte para hacer de consejero. Habita mentalmente en ese personaje. ¿Qué ve? ¿Qué preguntas hace? ¿Qué consejos te da? ¿En qué te dice que es más importante que te centres? Escribe las respuestas a estas preguntas. Luego vuelve a ser tú y actúa en consecuencia.

Si, en lugar de decidir, se trata de actuar, para adquirir la perspectiva y el aplomo necesarios, prueba a «ser» un *alter ego*.

Que quede claro que no estamos aconsejándote que vivas tu vida como la figura del consejero o como otra persona distinta. No te recomendamos habitar en tu *alter ego* durante largos periodos. Lo que proponemos es que, de manera temporal, te conviertas en otra persona a fin de ganar la distancia, la perspectiva y la claridad necesarias para tomar una decisión importante. Después, vuelve a ser tú mismo y actúa según la decisión que hayas tomado gracias a la perspectiva más amplia que habrás conseguido al distanciarte ocupando la posición del consejero.

CÓMO CONVERTIRTE EN CONSEJERO

1. **Ponte en el lugar de alguien que podría reemplazarte.** Cuando tengas que tomar una decisión, imagina que eres la persona que podría reemplazarte, tal y como hicieron Moore y Grove.

2. **Empieza de cero.** Tras unas vacaciones o un periodo alejado de tu puesto actual, vuelve al trabajo con una mirada nueva.

3. **Aplica un velo de ignorancia.** Con ocasión de un cambio organizativo, aplica un velo de ignorancia para ti y tu equipo.

4. **Coloca un observador externo.** Durante una revisión, piensa en de qué prescindiría tu equipo si alguien externo estuviera mirando.

5. **Considera primero las aportaciones de los demás.** Ten en cuenta la aportación de los demás desde su punto de vista antes de valorar tu propia contribución.

6. **Busca pruebas.** Conviértete en otra persona y considera objetivamente las pruebas de que tus creencias son ciertas.

7. **¡Sácame la tarjeta amarilla!** Cuando quieras que opinen sobre tu conducta o trates de cambiar un hábito, invita a alguien de confianza a que te saque la tarjeta amarilla cuando corresponda.

8. **Crea tú mismo los criterios de evaluación.** Conviértete en consejero para crear el tema de tu propia tarea, y aplícalo.

9. **Elige la forma que adopta el consejero.** Sal de ti mismo y habita en esa forma. Toma la decisión desde la perspectiva del consejero y luego vuelve a ti mismo para ponerla en práctica.

RESUMEN

El objetivo de que te conviertas temporalmente en tu propio consejero no es que dejes de escuchar a otros instructores o mentores que quizá tengas en tu vida, sino que reconozcas que, más a menudo de lo que crees, la respuesta a las grandes preguntas ya está en tu interior, solo que no la ves porque estás demasiado centrado en ti mismo. Es como si miras por un periscopio en una dirección, con el zoom al máximo, cuando las respuestas se encuentran en otra parte. El consejero se asegura de que mires hacia el lado correcto. Te apoya. Tiene un plan, no solo táctico, sino también estratégico. Permanece en calma, sereno y comprensivo cuando estás desanimado, agitado o enfadado; cuando te inclinas a hacer algo autodestructivo o cuando no das la talla.

4

Hablar como consejero

«Tranquila, Simone. Siéntate. No lo vamos a hacer».

Simone Biles,
al retirarse de la competición
en los Juegos Olímpicos de 2020

Ethan Kross nació y se crio en el sur de Brooklyn (Nueva York), en el barrio obrero de Canarsie. Hoy es profesor en el prestigioso departamento de Psicología de la Universidad de Michigan y la Ross School of Business, así como director del Emotion and Self-Control Laboratory, que fundó en 2008. En su libro *Cháchara*, Kross recuerda que, cuando era pequeño, su padre solía decirle que siempre que tuviera un problema debía preguntarse a sí mismo cómo resolverlo: «Hazte la pregunta a ti mismo».[1] El joven Ethan lo probó y, con el tiempo, empezó a desarrollar una buena relación consigo mismo.

A medida que iba entrando en la adolescencia, Kross se interesaba más en estas conversaciones internas sobre las decisiones que debía tomar: desde cómo relacionarse socialmente hasta cómo planificar su futuro universitario. Comenzó a confiar en la voz interior, que lo guio sabiamente durante esa etapa. Estudiar Psicología en la universidad parecía lo más natural. Aunque la introspección intencionada lo llevaba a menudo a tomar decisiones beneficiosas y a tener emociones positivas, Kross averiguó en sus clases que las cosas no eran así para mucha gente. La mayoría de las veces, cuando las personas se hablaban a sí mismas, se mortificaban sobre injusticias pasadas, avivaban emociones negativas o magnificaban la angustia, lo que daba lugar a una mayor fragilidad emocional, la toma de decisiones poco acertadas, el deterioro de sus relaciones y un peor rendimiento.

Kross quiso comprender esa diferencia en los resultados. ¿Qué distinguía la introspección positiva de la rumiación inútil? La respuesta quedó clara: las personas que podían escapar de estar centradas solo en sí mismas y lograban distanciarse se sentían mejor, rendían mejor, decidían mejor y vivían mejor que aquellas que se quedaban estancadas en el pasado. Descubrió que algunos de los que lograban hacer introspección positiva se referían a sí mismos en tercera persona. Esto tiene un nombre: ileísmo. Por ejemplo, en lugar de «Tengo que tomar una decisión», se diría «David tiene que tomar una decisión». El ileísmo, una forma de diálogo con uno mismo, parecía ser una manera efectiva de que la gente generase distanciamiento psicológico.

Una vez que Kross reconoció los beneficios potenciales del ileísmo, él y sus colegas quisieron saber lo útil que sería que replanteáramos de manera intencionada nuestra charla interna, pasando de la primera a la tercera persona, a fin de impulsarnos a ese distanciamiento.[2] En estos estudios, se sometía a los sujetos a situaciones agobiantes. Por ejemplo, les pedían que recordaran algún hecho angustioso del pasado, o los exponían a factores estresantes inducidos en el laboratorio. A unos se les indicaba que reflexionaran sobre el factor estresante desde una perspectiva de primera persona, centrada en sí mismos, y a otros que lo hicieran desde una perspectiva distanciada, de tercera persona.

En una investigación, se indicó a unos estudiantes que hablaran sobre cómo estaban de cualificados para el trabajo de sus sueños ante un grupo de entrevistadores. Solo les dieron cinco minutos para preparar su intervención y no se les permitió tomar notas. En los experimentos psicológicos, hacer que los participantes hablen en público sin haberse preparado bien es una manera infalible de inducir estrés. El estrés aplica un sesgo en favor de una experiencia del mundo más sumida en el yo aquí y ahora, en la que somos hiperconscientes de los peligros, tanto reales como percibidos. Desencadena miedo y ansiedad. En el estudio, a la mitad de los participantes se les dijo que prepararan la entrevista en primera persona, mientras que a la otra mitad se les indicó que la prepararan en tercera persona. Los del grupo del ileísmo afirmaron experimentar menos rumiación y sentir menos ansiedad y vergüenza, y consiguieron mejores calificaciones que los participantes que habían tenido que utilizar la primera persona en la preparación.

En otro estudio, se pidió a varias jóvenes universitarias que mantuvieran un diálogo con un participante varón a fin de causarle una buena primera impresión. La charla sería grabada en vídeo y evaluada por un psicólogo, que calificaría las destrezas sociales de las estudiantes. Como en el caso anterior, los investigadores pidieron a la mitad de las jóvenes que pensaran en la experiencia usando la primera persona lo más posible, mientras que a las de la otra mitad les dijeron que usaran su propio nombre o la segunda persona. Luego les presentaron al participante varón y observaron. De nuevo, los resultados expusieron que el grupo que había practicado el distanciamiento con la técnica del ileísmo obtuvo mejores resultados, y esas participantes experimentaron niveles menores de ansiedad durante la interacción.

Según la investigación de Kross, la mayoría de la gente no suele aprovechar la estrategia del ileísmo para activar este enfoque de distanciamiento, sobre todo cuando se reflexiona sobre un hecho del pasado, especialmente si este fue desagradable. Tendemos a revivir (Kross dice «recontar») la experiencia una y otra vez desde la perspectiva de la primera persona, centrada en uno mismo, con la consecuencia de que volvemos a experimentar el mismo estrés y echamos más sal en la herida, lo que reduce las probabilidades de mirar lo sucedido bajo una nueva luz. A largo plazo, esta manera de revivir continuamente un acontecimiento doloroso tiene consecuencias negativas, como la inclinación a la sobrecarga emocional, los pensamientos negativos recurrentes y la rumiación.

Los participantes en los estudios de Kross que empleaban el ileísmo experimentaban una reinterpretación narrativa de un hecho, en lugar de simplemente revivirlo. Para quienes sufrían depresión, cuanto más graves fueran los síntomas, más les ayudaba el ileísmo. Se trata de un hallazgo extraordinariamente útil, teniendo en cuenta que, según la Encuesta Nacional de 2023 sobre la Salud Infantil en Estados Unidos, un 8,4 % de los adolescentes fueron diagnosticados de depresión, mientras que en 2016 el porcentaje fue del 5,8 %.[3]

Conectando este hallazgo con la teoría de los niveles de representación, el ileísmo permite a la gente «reconstruir» el hecho, representarlo de otra manera. Se trata de un eficaz replanteamiento que lleva a observar lo sucedido como si fuera un acontecimiento nuevo, con una perspectiva más equilibrada y menos estrés, lo que reduce la inclinación al desbordamiento emocional.[4]

Háblate con distancia

Este sencillo ejercicio lingüístico en el que reemplazas la primera persona del singular por la tercera y usas tu nombre es una de las maneras más fáciles de salir de la perspectiva del yo aquí y ahora. La táctica funciona porque, cuando escribimos o hablamos de nosotros mismos como si fuéramos otra persona, sentimos que somos otra persona.

El ileísmo es fantástico, lo más cercano que hay a un almuerzo gratis. Resulta fácil de aplicar y puede usarse en muchas situaciones. La mayoría de la gente afirma que, cuando habla o escribe sobre sí misma en segunda o tercera persona, se siente inmediatamente distinta. Hay muchas personas que aprovechan este recurso. Véase el caso de Jennifer Lawrence cuando se aturulló durante una entrevista y usó un ileísmo para rehacerse: «Venga, Jennifer, recomponte».[5]

De un modo similar, Anne Hathaway nos ofrece un caso de estudio muy interesante sobre el proceso y los beneficios de dejar de estar concentrado en uno mismo, adoptar una perspectiva distanciada y retomar el asunto. En una entrevista que concedió a la Associated Press en 2012 sobre la adaptación del musical *Los miserables* a la gran pantalla, la actriz describió que, en el momento de grabar la icónica «I Dreamed a Dream», estaba cohibida porque acababa de dejarse el pelo muy corto.[6] Ante esta gran presión, se había armado de valor. Pero al enfrentarse a las cámaras volvió a sentir ansiedad, y se dio cuenta de que cuando se estrenara la película «ya no habría marcha atrás». Hathaway no podía dejar de pensar en lo expuesta que se sentiría si aquella escena no quedaba bien. Como no le satisficieron las primeras tomas, pidió un receso. Lo cuenta de la siguiente manera.

> «No, no. Parad. Lo siento. No ha salido equilibrado». Y entonces fue cuando cogí los auriculares y me los puse. Cerré los ojos y recuerdo que pensé: «Hathaway, si no haces esto ahora mismo, no tienes derecho a llamarte "actriz". Déjate de tonterías y ponte a hacer tu trabajo». Abrí los ojos y... zas. Dije: «Vamos allá». Y lo hice. Lo di todo en esa toma, y es la que sale en la película.

Hathaway usó el poder del distanciamiento al hablarse a sí misma para conseguir el replanteamiento y la perspectiva que necesitaba. Como hemos visto, estaba estresada y centrada en sí misma durante la interpretación. Al hablarse en tercera persona como si fuera su propia consejera, salió de ella misma. Luego volvió al aquí y ahora e interpretó su papel.

Cuando Simone Biles, la gimnasta estadounidense más galardonada, tomó la devastadora decisión de retirarse de los Juegos Olímpicos de Tokio de 2020, se dijo: «Tranquila, Simone. Siéntate. No lo vamos a hacer».[7] Era consciente de que no estaba en el estado mental necesario para rendir de manera óptima, y adoptó esa perspectiva distanciada para convencerse de lo que, en el fondo, sabía que era cierto.

Es probable que todos hayamos hecho algo similar en una situación estresante para animarnos a seguir. Antes de hacer una presentación o de dar una charla, nos alentamos con un «Venga, tú puedes», como si fuéramos un entrenador, un profesor, o quizá un padre. Sin embargo, por regla general, tendemos a hablarnos más bien en primera persona, sobre todo cuando expresamos emociones.[8] El problema es que esta nos lleva a afianzarnos en el estado predeterminado centrado en nosotros mismos, sobre todo cuando estamos pasándolo mal. Si ya tenemos bajo presión la función ejecutiva, las rumiaciones centradas en el yo y la actitud catastrófica no ayudan nada. Tales rumiaciones dan lugar a cambios en el circuito neural asociado con la identidad, que hacen que se internalicen los pensamientos negativos y se entorpezca el tiempo de reacción, la función ejecutiva y el control de la atención.[9]

Pensar, hablar o escribir sobre ti mismo en segunda o tercera persona crea un distanciamiento automático, una forma de reflexión a la que seguramente no podrías acceder de otra manera. Estas acciones te impulsan a verte como si fueras otra persona, y te será imposible seguir centrado en ti mismo. Desde luego, la decisión de Biles de retirarse de los juegos de Tokio, por muy dura que resultara, fue sabia. Se libró de la probabilidad de sufrir una lesión grave, y su ejemplo ha animado a otros atletas a hablar abiertamente cuando han visto que las cosas no iban bien y a priorizar su salud mental.

Biles volvió a la competición en el USA Classic de 2023, que ganó cómodamente. Luego participó en el Campeonato del Mundo de Gimnasia Artística de 2023, celebrado en Amberes, Bélgica. En aquellos momentos no le preocupaba siquiera el resultado. «Mientras esté de nuevo en la pista, disfrutando otra vez de la gimnasia, ¿qué más da?».[10] Tras esas palabras, ganó cuatro medallas de oro en la competición. Y continuó con la buena racha en los Juegos Olímpicos de París de 2024, donde se hizo con tres medallas de oro (concurso completo, por equipos y salto femenino), haciendo gala de su salto característico y más difícil de ejecutar, el Yurchenko con doble carpado.

Con un imponente total de once medallas olímpicas (siete de oro, dos de plata y dos de bronce) y treinta medallas obtenidas en campeonatos del mundo, Simone Biles es la gimnasta más galardonada de la historia y es considerada ampliamente como la mejor de todos los tiempos. Al igual que a Biles, el ileísmo puede ayudar a cualquier persona a dejar de estar centrada en sí misma y adoptar la perspectiva que brinda el distanciamiento psicológico, gracias a la que podrá tomar decisiones más beneficiosas a largo plazo.

Jen Pierce dejó una trepidante carrera de directiva en el mercado bursátil de las materias primas para hacerse coach de ejecutivos. En una entrevista que le hicimos, describió su experiencia en el uso del ileísmo con ella misma y sus clientes:

> Cuando hablo conmigo misma en tercera persona, me resulta mucho más fácil darme cuenta de que tengo las emociones desatadas. Si, en lugar de decirme «Dios mío, todo el mundo me odia. Es mi culpa», me digo: «Vale, seamos el observador. Ahora voy a gestionarme. Yo soy la que dirige. Estoy mirando a este empleado que resulta que soy yo». Eso es lo que, para mí, significa ser la observadora. Es lo que les enseño a los clientes. No es una entelequia. Solo se trata de hablarte en tercera persona: «Un momento, Jennifer está

ahora mismo dejándose llevar por las emociones. Me parece que no es una buena decisión que reaccione así».

Para preservar la cordura que aún quede en el mundo, queremos hacer una aclaración importante y evitar que algún lector demasiado entusiasta saque una conclusión equivocada sobre esta herramienta mental. Los ejemplos de Lawrence, Hathaway, Biles y Pierce se refieren a diálogos personales internos. No estamos aconsejando a la gente que vaya por ahí hablando de sí misma en tercera persona (cosa que no solo sería extraña, sino también molesta). Hablarte en tercera persona es una estrategia encaminada a establecer un distanciamiento psicológico que te ayude a actuar como consejero de ti mismo y a tomar mejores decisiones, y la idea es que se limite a ese ámbito interior y personal.

Mejor rendimiento, menos ansiedad

El poder del ileísmo resulta claro. Personas de alto rendimiento de todos los ámbitos afirman que lleva a rendir mejor. Tras años de investigaciones, Ethan Kross y otros han llegado a la conclusión de que distanciarse hablándose a uno mismo ayuda con los siguientes aspectos:

- Desarrollo de un pensamiento de alto nivel.

- Disminución de la ansiedad y la culpa.

- Percepción de los futuros factores de estrés como retos, en lugar de considerarlos como amenazas.

- Mejora de las primeras impresiones y de la forma de hablar en público.

- Reducción de la rumiación posterior a ciertos hechos.

ESTRATEGIA 1: **Oye, [tu nombre].** Cuando reflexiones sobre una decisión difícil, hazlo usando tu nombre de pila. Notarás que algo cambia inmediatamente. Cuando hablas contigo mismo llamándote por tu nombre, es como si esa persona a la que te diriges automáticamente pasara a «no ser tú», con lo que te liberas de cualquier bagaje emocional o mental. El ileísmo muestra el sencillo pero increíble poder del lenguaje, sea oral o escrito, para ayudarnos a replantear una situación con la ventaja de una perspectiva más clara y elevada.

Un ejemplo con el que muchos podemos identificarnos es el intento de comer sano. Afrontamos a diario la necesidad de elegir entre opciones saludables y otras que, aunque son sabrosas, no resultan tan sanas. Sucede cada vez que preparamos una comida, picamos algo o tenemos hambre. A lo largo del día, estas decisiones pueden minarnos el autocontrol hasta el punto de que acabemos cediendo.

Cuando cuestionamos cada una de nuestras decisiones sobre la comida, puede que algo tan sencillo como el desayuno se convierta en un momento de estrés. Hay demasiados interrogantes. ¿Me tomo otra tostada con mantequilla? ¿Me salto el beicon? ¿Me como una naranja en lugar de hacerme un zumo? ¿Evito por completo los carbohidratos? ¿Me bebo un batido de frutas? ¿No desayuno nada? Quizá hasta empieces a temer la hora de la comida, al anticiparte a la ansiedad que probablemente te invada. Pero los estudios muestran que distanciarte psicológicamente mediante el ileísmo, es decir, el uso de la perspectiva de la tercera persona, ayuda a adoptar decisiones más sanas respecto de la comida a lo largo del día.

El distanciamiento facilita el acceso a metas más abstractas y de orden superior, como convertirte en la clase de persona que de verdad quieres ser o lograr algunos objetivos a largo plazo, por ejemplo, ponerte en forma o competir en pruebas de triatlón. Dicho con otras palabras, el distanciamiento conduce a que consideremos nuestra vida de una manera más completa. La próxima vez que te acerques a la despensa o el frigorífico, en lugar de preguntarte «Mmm, ¿qué quiero comer?», prueba a decirte «¿Qué quiere comer [nombre]?». Si tienes el propósito de comer mejor, identificarás un impulso hacia una decisión más sana. La verdad es que mucha gente come lo que quiere sin preocuparse de los efectos a largo plazo en la salud. Las personas que se ponen a régimen tienen sentimientos encontrados al decidir sobre la comida, y se debaten entre las opciones más sabrosas y las más sanas, lo que en unas ocasiones es la consecuencia de haberse puesto a dieta, y en otras lo que las ha llevado a hacerlo.

Por eso, en un estudio de Kross y otros colegas sobre las dietas y el ileísmo, fue necesario preparar primero a los participantes con un vídeo de dos minutos sobre la importancia de estar sano y activo.[11] La combinación de información relacionada con la salud y el ileísmo condujo a opciones más saludables. De modo que, aunque el ileísmo te pueda ayudar a elegir mejor qué comer, primero debes ser sincero contigo mismo y preguntar: «¿Qué quiere de la vida realmente [tu nombre]?». Si la respuesta es comer lo que te apetezca cuando te apetezca, pero reconoces la necesidad de adoptar una dieta más sana, quizá necesites un recordatorio sutil de tus metas de vez en cuando antes de utilizar la estrategia del ileísmo. Por ejemplo, podrías poner un pósit en el frigorífico que dijera RECORDANDO SUS METAS DE SALUD, ¿QUÉ QUERRÍA COMER [TU NOMBRE]?, y luego elegir.

Esta estrategia funciona porque el ileísmo activa niveles altos de representación mental que conectan con un sentido y un propósito superiores y conducen a una mayor estabilidad con el tiempo. Piensa en el siguiente contraste. Desde la perspectiva centrada en ti mismo, podrías decir: «Como sano eliminando el azúcar de mi dieta». La perspectiva distanciada te lleva a un nivel de representación mental superior, de modo que, tras aplicar el ileísmo, podrías volver a la perspectiva de primera persona y decir: «Vivo una vida más plena y activa gracias a que como más sano». Como habrás visto, en el marco de la perspectiva centrada en uno mismo, se conecta la comida sana con una acción de nivel inferior, más detallada, mientras que, en el marco de la perspectiva distanciada, comer sano deriva de un propósito superior. Este replanteamiento te ayuda de manera más natural a que quieras poner en práctica los detalles concretos que concuerden con tu «por qué» superior. Esta es la razón de que David, al comer, adopte mejores decisiones que yo.

Por regla general, es difícil desarrollar hábitos saludables sin ayuda. Pero, al adoptar la perspectiva de la tercera persona, te estarás hablando como lo haría un consejero, figura a la que puedes considerar un aliado. Pongamos que quieres empezar a ir al gimnasio al salir del trabajo. Según Katy Milkman, profesora en Wharton y autora de un estudio sobre el desarrollo de hábitos, incorporar una nueva rutina de ese tipo llevaría entre cuatro y siete meses.[12] Según otro estudio, algo más sencillo, como tomar una pieza de fruta a la hora de comer, llevaría una media de sesenta y seis días.[13] En cualquiera de los casos, lo esencial es persistir y no tirar la toalla durante el frágil periodo en el que se graba el nuevo hábito en la memoria motriz.

ESTRATEGIA 2: **El consejero marca la pauta.** Como consejero, elige qué comer y si vas a ir al gimnasio. Si en cada esquina del camino a casa te replanteas la decisión de ir al gimnasio después del trabajo, acabarás no yendo porque te habrás dado demasiadas oportunidades de desistir. Delega la decisión en el consejero y cíñete a ella. Es el consejero (tú adoptando esa figura) quien traza el plan. Después, cuando vuelves a ti mismo, lo ejecutas. Puedes escribirlo con antelación. En el caso de una tabla de ejercicios, si te comprometes a seguir el plan, no te hará falta decidir nada más.

Te ayudará un poco de preparación, como escribir el plan el día antes de hacer ejercicio. Si empiezas la jornada sin tener claro el plan del consejero, te será demasiado fácil quedarte atrapado en la perspectiva del yo aquí y ahora y es probable que te desvíes del camino.

El cuerpo sabe

Cuando estamos centrados en nosotros mismos, es fácil caer en el sentimiento de superioridad moral. Incluso podemos sentirlo de forma visceral.

> En el momento en que me di cuenta de que la frase tan tonta que había dicho —«¿Usted sabe con quién está hablando?»— no iba a funcionar, tendría que haberme callado y haberlo dejado estar. Pero no lo hice. Por desgracia, en lugar de humildad y contención, me corría por las venas la indignación de quien se cree moralmente superior.[14]

Martin Hyde, un político de Sarasota (población donde vivimos), muestra una agresividad sin complejos cuando lo retan en la arena política. ¿Resulta efectivo? Puede. Pero su actitud beligerante y egocéntrica fue contraproducente en una ocasión en que lo paró una agente de tráfico.

Hyde conducía su Range Rover negro a 90 kilómetros por hora, en una zona de velocidad limitada a 60 kilómetros por hora, mientras enviaba un mensaje por el móvil. En los primeros treinta segundos de su interacción, las imágenes de la cámara corporal de la agente muestran a Hyde preguntándole si sabía quién era él.[15] «Usted sabe quién soy, ¿verdad?». Es penoso contemplarlo.

A continuación, la amenazó con que perdería su trabajo, hizo caso omiso a lo que ella le decía y se negó a enseñar la documentación. La funcionaria no se arredró y le respondió: «Estoy aquí cumpliendo mi deber, caballero». Hyde respondió defendiéndose —«Soy un ciudadano que cumple la ley»— y atacando las motivaciones de la agente: «Se cree muy ingeniosa, ¿verdad?» […] «¿Por qué miente?… Sabía exactamente lo que estaba haciendo cuando me hizo parar». Luego le dijo a otro agente: «Nos vamos a asegurar de que esta agente pague el precio de haberme faltado al respeto… Sé exactamente quién es». Al ver las imágenes de la cámara, queda claro que la agente que paró a Hyde no era quien estaba siendo irrespetuosa.

Tras la avalancha de críticas en las redes sociales y «cientos de llamadas», Hyde ofreció algo parecido a una disculpa en un periódico local.[16] El texto tenía los típicos giros esperables en un político: «A la gente le gusta contar con alguien que la respalde, tanto en términos de corpulencia como de carácter, y yo soy de esas personas a quienes la gente en apuros prefiere tener de su lado». Pero también contiene una descripción muy clara de cómo se siente uno cuando se queda atrapado en el yo aquí y ahora: «Me corría por las venas la indignación de quien se cree moralmente superior». Este sentimiento visceral podría servirnos a todos como una enorme señal luminosa que nos advierte de que estamos peligrosamente centrados en nosotros mismos.

Distanciarse tiene efectos beneficiosos desde el punto de vista fisiológico. En un estudio realizado por la psicóloga social Lindsey Streamer y otros colegas, los participantes tenían que preparar por escrito una exposición en la que justificaran por qué estaban cualificados para el trabajo de sus sueños y luego presentarla ante un jurado de selección.[17] Se les indujo a que actuaran centrados en sí mismos o distanciados, para lo que se les indicó que prepararan su intervención usando bien la primera bien la tercera persona. Al hablar ante el jurado, estaban conectados a un electrocardiógrafo que registraba la reacción de su sistema cardiovascular.

El sistema cardiovascular de los participantes centrados en sí mismos parecía como si estuviera reaccionando ante una amenaza.

¿Cómo nos sentimos ante las amenazas? Nos ponemos en estado de alerta máxima, se nos estrecha el campo de visión y descargamos adrenalina. Sentimos miedo. Algunas partes del sistema cardiovascular se contraen, lo que empuja la sangre hacia el corazón y prepara el cuerpo para luchar o huir.

Por el contrario, el sistema cardiovascular de los participantes que se distanciaban parecía estar reaccionando ante un reto. ¿Cómo nos sentimos ante los retos? La sensación es expansiva. Tenemos curiosidad, entusiasmo, actitud de búsqueda. Ampliamos el campo de visión y somos más conscientes de lo que hay a nuestro alrededor. En lugar de sentir que hay probabilidades de «no perder», sentimos que las hay de ganar.

Estos efectos tienen una duración impresionante. Los investigadores descubrieron que estas tendencias persistían la siguiente vez que el participante hablaba en público sobre un tema totalmente distinto. Es decir, que el efecto es lo bastante fuerte como para influir en otras tareas una vez que se ha finalizado la primera.

ESTRATEGIA 3: Mentalízate. Prepárate para un acontecimiento estresante aplicando el ileísmo. Háblate en la cabeza adoptando una perspectiva distanciada para generar una sensación de calma. Esa persona a la que te diriges tiene la oportunidad de estar a la altura del reto. El acontecimiento no es una amenaza, sino una oportunidad emocionante.

Hablarse de manera distanciada también ayuda a reducir el estrés porque elimina parte del bagaje emocional que tiende a nublar el juicio, con la consiguiente merma en el rendimiento. Un estudio dirigido por Jason Moser en la Michigan State University puso a prueba esta idea.[18] Para medir las señales cerebrales ante estímulos o hechos específicos, a los participantes se les mostraban imágenes desagradables o repulsivas en máquinas de resonancia magnética (fMRI). Moser descubrió que, cuando ellos hacían uso del ileísmo, la intensidad de su reacción emocional se reducía a la mitad sin que aumentaran las señales de control cognitivo. Es decir, el ileísmo los hacía menos reactivos emocionalmente sin necesidad de realizar un esfuerzo extra.

Déjate de tonterías

Un estudio publicado en 2021 por Igor Grossmann, de la Universidad de Waterloo, exploró el efecto que ejerce llevar un diario en tercera persona en la capacidad de adquirir perspectiva y hacerse más sensatos.[19] Los participantes se dividieron a partes iguales en un grupo «distanciado» y en otro «centrado en sí mismo». A los del primer grupo les dieron las siguientes instrucciones: «Describa en detalle sus pensamientos sobre un acto social de hoy desde una perspectiva en tercera persona. Para ello, utilice su nombre lo más posible mientras describe el hecho y todos sus pensamientos. Por ejemplo, si usted se llamara Chris, podría escribir: "Chris cree… Chris siente…"». A las personas del grupo «centrado en sí mismo» se les indicó lo siguiente: «Describa en detalle sus pensamientos sobre un acto social de hoy desde una perspectiva en primera persona. Por ejemplo, podría escribir: "Pienso… Siento…"».

Los evaluadores calificaron las entradas del diario en función de la humildad intelectual, la apertura de mente, el reconocimiento de perspectivas diversas y la disposición a transigir para resolver conflictos. En conjunto, los psicólogos llaman «razonamiento sensato» a estos atributos, concepto que está ligado al bienestar y la satisfacción vital. Al final de un periodo de cuatro semanas, quienes usaron la perspectiva en tercera persona mostraron un aumento del razonamiento sensato en comparación con las cuatro semanas anteriores, mientras que los miembros del grupo que usó la primera persona no mostraron cambio alguno. Este estudio demuestra que el ileísmo puede ayudarnos en distintas facetas de la vida. La investigación es concluyente, pero es que además nosotros conocemos bien los beneficios del ileísmo porque lo hemos practicado, en concreto, llevando un diario. Y conocemos a otras personas que también lo hacen.

En un campamento de natación en las Maldivas al que asistió David, se abordó la estrategia de hablarse en tercera persona. Al valorar las clases de esa semana y considerar lo que podría hacerse de manera distinta con el siguiente grupo, el instructor de natación Brenton Ford, que dirige este tipo de campamentos por todo el mundo, explicó cómo usa el ileísmo:

> He escrito en tercera persona sobre cómo creo que ha ido la semana y lo que podría haber hecho mejor. La gran diferencia de este enfoque es que he profundizado más en el análisis porque parecía que estaba haciéndole una crítica a otra persona; al haber sido más objetivo, la crítica es mucho más sincera. Al releer lo que he escrito, no me siento mal por que las cosas pudieran haberse hecho mejor, sino ilusionado y con ganas de aplicar algunos cambios la semana que viene.

Mike intentó enseñar esta estrategia a sus alumnos. Les hacía practicar llevando un diario en tercera persona para algunas de sus clases. Aunque al principio les resultaba un poco extraño, acabó gustándoles, pues experimentaron los beneficios que brinda esta estrategia de distanciamiento. Actuaban como consejeros para sí mismos con claridad, menor reactividad emocional y mayor objetividad. He aquí la opinión de algunos:

- «Te ayuda a dejarte de tonterías, porque tendemos a mentirnos».

- «Te lleva a rendir cuentas mejor ante ti mismo, en plan: "¿De verdad crees eso?"».

- «Hace que las cosas que creía difíciles no sean para tanto».

- «Me permite tratarme con compasión».

- «Me permite verme con más sinceridad».

A medida que practicaban, les fue resultando más fácil distanciarse y adoptar la perspectiva de un observador. Merece la pena desarrollar este hábito aunque no lo necesites, así podrás recurrir a esta estrategia automáticamente cuando te haga falta.

ESTRATEGIA 4: Querido diario. Usa el método del diario ileísta para escribir sobre tu día, sobre una decisión que tengas que adoptar, sobre algo que te moleste o sobre una oportunidad que podría surgirte en el futuro inmediato o más lejano. Has de escribir sobre ti en segunda o tercera persona, como si te hubieras convertido en alguien diferente: el consejero. Prueba este ejercicio unas cuantas veces a la semana para que empieces a sentirlo como algo natural. Si ya llevas un diario y escribes todos los días, ve incorporando el segmento ileísta. Con el tiempo, podrás adoptar el punto de vista del consejero más fácilmente, lo que te dará el poder de salirte de tu propia cabeza.

Al escribir, es posible que, en ocasiones, te tiente explicar o justificar tus sentimientos o tu punto de vista. No pasa nada, cíñete a la perspectiva distanciada. Por ejemplo, en lugar de decir «Estoy frustrado», escribirías: «Mike se siente frustrado porque pasó mucho tiempo pensando y preparando algo que al final no prosperó». Te darás cuenta de que este enfoque elimina ciertos sentimientos, justificaciones y defensas de tu visión objetiva de los hechos, lo que permitirá al consejero aportar su opinión. Con esta estrategia reconocerás tus sentimientos, pero no los privilegiarás ni los juzgarás. Como ahora podrás empatizar contigo mismo y rendirte cuentas, serás capaz de centrarte en la conducta y la decisión que tengas entre manos.

¿Qué pasa con el «tú»?

Los participantes de muchos de los estudios a los que nos hemos referido usaban la tercera o la segunda persona en la perspectiva distanciada. No parece que haya mucha diferencia en el efecto que brinda cada una de las dos posibilidades. El «tú» es una variación del uso de la tercera persona para generar distancia, y es probable que estés más familiarizado con ella. Seguro que, para apremiarte, has usado la segunda persona en algún momento durante una tarea difícil. Por ejemplo, resulta natural decir «¡Venga, puedes hacerlo!» cuando sientes que ya no te quedan fuerzas durante una carrera de larga distancia, o si llegas tarde a la oficina o estás trabajando contra reloj para cumplir un plazo.[20] Este tipo de frase sirve para crear una perspectiva distanciada y aporta una motivación adicional.

Un estudio con personas acostumbradas a practicar deportes de alta intensidad exploró los efectos de hablarse desde una perspectiva distanciada en carreras cronometradas mediante un ejercicio de bicicleta estática de diez kilómetros.[21] La investigación también examinó el esfuerzo de cada deportista durante la actividad mediante el índice del esfuerzo percibido (IEP). Los participantes se habían entrenado con carreras contrarreloj para hablarse a sí mismos de manera motivacional y utilizar sus propias palabras e ideas lo más posible. En una de las carreras del estudio usaron la primera persona para hablarse a sí mismos; y en la otra, la segunda para adoptar una perspectiva distanciada. Todos realizaron los dos tipos de carreras en un orden aleatorio.

Como se esperaba, el uso del «tú» en lugar del «yo» mejoró el tiempo de los atletas ¡una media de 23 segundos! (La carrera completa duraba unos 17,5 minutos). Además, según el IEP, el uso del «tú» no daba lugar a un esfuerzo percibido mayor que el uso del «yo». Puede que 23 segundos no parezca mucho, pero hay que tener en cuenta que, en el Tour de Francia, la competición estrella en ciclismo, las carreras individuales suelen ganarse por fracciones de segundo. Y la carrera total, de 3.200 kilómetros y 22 días a través de terreno montañoso, se ha ganado por menos de un minuto diez veces en toda su historia.

Los investigadores concluyeron que, cuando nos hablamos usando la segunda persona, imitamos la voz de los padres, profesores e instructores que hemos oído incontables veces. «Venga, puedes hacerlo». «Ya lo tienes». Esta imitación del estímulo que nos brinda una voz de autoridad en la que confiamos activa un nivel superior de obediencia y mayores probabilidades de llevar a cabo nuestros planes. Es un beneficio adicional de tomar decisiones adoptando la figura del consejero para luego ser tú quien las ejecutes. Una vez que, como consejero, decidas lo que debes hacer, y vuelvas a ti mismo para poner ese consejo en práctica, tendrás más probabilidades de ceñirte al plan trazado (por el consejero). No querrás decepcionarlo. Ya no te esforzarás solo por ti; también estarás haciéndolo por el consejero.

ESTRATEGIA 5: Háblate en segunda persona. Te ayudará a impulsarte en el momento de la acción para que superes el estrés y veas la situación como un reto que asumir, no como una amenaza de la que debas escapar. Conviértete en consejero y date ánimos:

- «Puedes hacerlo».
- «Estás haciéndolo genial».
- «Vas estupendamente».
- «Estás yendo a buen ritmo».
- «Estás muy tranquilo».

Cuanto más practiques esta pauta lingüística (en tiempo real o en un diario; hablándote tanto en voz alta como mentalmente, verbalmente o por escrito), más probabilidades tendrás de usarla con regularidad, y se convertirá en algo totalmente natural para ti.

HABLAR COMO UN CONSEJERO

1. **Oye, [tu nombre].** Cuando te encuentres en una situación estresante, háblate llamándote por tu nombre como haría un consejero o un amigo.

2. **El consejero marca la pauta.** Cuando necesites tomar una decisión, adopta el papel de consejero para marcar la pauta y aconseja a [tu nombre] lo que tiene que hacer.

3. **Mentalízate.** Antes de un hecho estresante, salte del pensamiento centrado en ti mismo y escríbete o háblate de manera intencionada sobre ello en tercera persona para calmarte los nervios.

4. **Querido diario.** Escribe un diario en tercera persona para ganar perspectiva y objetividad. Así podrás rendir cuentas.

5. **Háblate en segunda persona.** Para animarte, en lugar de la primera persona, usa la segunda o tu nombre cuando realices alguna tarea.

RESUMEN

Nuestro estado por defecto es la perspectiva centrada en nosotros mismos del yo aquí y ahora. Lingüísticamente, se refleja en un lenguaje en el que nos referimos a nosotros mismos en primera persona. Este estado centrado en nosotros mismos nos sesga en favor de una perspectiva miope y egocéntrica en la que nos sentimos amenazados y a la defensiva, y que genera bastantes problemas. Cuando usamos el lenguaje que emplearía un consejero para hablarnos, o el que elegiríamos para animar a otra persona, promovemos un distanciamiento psicológico. Este distanciamiento da lugar a una mentalidad más abierta, curiosa y dispuesta a asumir retos que permeará todas las facetas de tu vida e influirá de manera positiva en el aprendizaje, la toma de decisiones, la ejecución de tareas, las relaciones y el nivel general de satisfacción.

TERCERA PARTE

Estar en otro lugar

5

Estar en el palco

> Imagina que estás negociando en el escenario de un teatro y que parte de tu mente se va a un palco mental y emocional, un lugar donde reina la calma, la perspectiva y el autocontrol.
>
> WILLIAM URY,
> comienzo de una charla
> en el Dawson College[1]

En el críquet internacional hay un orden jerárquico. En la cúspide se encuentran los miembros de pleno derecho del Consejo Internacional de Críquet (CIC), fundado en 1909, que son Australia, Inglaterra y Sudáfrica, junto con Afganistán, Bangladesh, la India, Irlanda, Nueva Zelanda, Pakistán, Sri Lanka, las Indias Occidentales y Zimbabue. Es un deporte muy popular en estos países, atrae mucho público y sus equipos ganan la mayoría de los torneos internacionales. Luego están «los menos favoritos», como Canadá, Estados Unidos, los Países Bajos, Namibia o Kenia, que, junto con otros noventa y dos, son miembros asociados del CIC. Por su población, cultura o tradición, el críquet no desempeña un papel tan fuerte en ellos como en los doce países miembros de pleno derecho. Algunos países asociados han dado el salto a ser miembros de pleno derecho, como ocurrió con Afganistán e Irlanda en 2017. A la gente le encanta apoyar al más débil, y si los países asociados pueden mejorar su nivel para plantar cara a los grandes, mucho mejor para todos (el público, los países asociados e incluso los miembros de pleno derecho). Al fin y al cabo, si los competidores son mejores, el juego también lo es.

En los torneos internacionales importantes, un problema recurrente que tienen los jugadores de los países más débiles es afrontar la presión de enfrentarse a los jugadores mejor considerados (y pagados) de los equipos grandes. En el críquet, los entrenadores suelen organizar a los bateadores por orden de mejor rendimiento, es decir, va primero el mejor bateador. Como consecuencia, a medida que estos jugadores son eliminados, van quedando los más débiles, que deben afrontar el juego cuando, además, resta menos tiempo para el final del partido. Esta doble adversidad amplifica la presión.

El jugador inglés de críquet profesional Jeremy Snape, que se hizo psicólogo deportivo, nos ha descrito la sensación de estar en el campo: «Los cascos chorrean sudor, el público grita […] los defensas se acercan a ti y limitan tu capacidad de anotar carreras […] dicen todo lo que se les ocurre para intimidarte y erosionar tu confianza». Todo está en juego y el responsable eres tú, aquí y ahora. Se activa el estado en que te centras solo en ti. Imaginas qué sucederá si te eliminan, si dejas a tu equipo con un *out* y el partido en manos de bateadores de menor categoría. ¿Cómo reaccionarán los seguidores del equipo? ¿Qué pasará con tu reputación profesional y tu salario? La presión aumenta. Estos pensamientos derrotistas surgen porque la atención se ha desplazado de la tarea que tienes entre manos a tu imagen. Es un cambio nada útil que te roba los recursos que en ese momento necesitarás para una sola cosa: acertar con el bate. Por muchas horas que te hayas pasado entrenando, la presión podrá contigo.

Cada uno de los equipos de los miembros de pleno derecho cuenta con plantillas enormes, que incluyen a su propio psicólogo deportivo. En el caso de los países asociados, la liga proporciona uno solo para todas las selecciones. Esta circunstancia podría plantear algún conflicto de interés, dado que será un mismo profesional quien ayude a los distintos equipos en liza. Aun así funciona, porque los países asociados comparten un sentimiento de «nosotros contra ellos» frente a los equipos grandes.

En la Copa del Mundo de 2007, que se celebró en Barbados, Snape era el psicólogo deportivo de las naciones asociadas. Como había sido jugador de críquet internacional, conocía bien la intensa sensación de estrés que se vive en esos torneos. En un partido muy tenso de su carrera, falló al batear en un estadio lleno a reventar, y 120.000 seguidores indios lo abuchearon. Con la cabeza gacha, salió de la pista en dirección al palco de jugadores e inmediatamente le dio un consejo muy sensato al siguiente bateador: «Relájate, respira y céntrate en la pelota; no hay prisa». Era justo lo que él habría necesitado que le dijeran unos momentos antes. ¿Por qué no había sido capaz de sentirse así en el campo? Cuando estaba en el palco, se encontraba como si fuera una persona distinta. A esa perspectiva mental distanciada, alternativa y relajada la empezó a llamar «chico del palco».

A fin de descubrir cómo acceder al «chico del palco» a voluntad y estudiar el efecto de la mente en el rendimiento personal, Snape se puso a estudiar psicología deportiva en la universidad. «El peor sentimiento no proviene de perder, sino de no haber jugado tan bien como sabemos que podemos hacerlo», afirma. Y se dio cuenta de que la razón de no jugar así de bien procedía enteramente del estado mental, lo mismo que bloqueó a Moore y Grove, de Intel, durante un año, y que causó el desastroso aterrizaje del capitán Lee.

Mientras Snape estudiaba en la universidad, jugó en un equipo del condado inglés de Leicestershire, lo que le dio la oportunidad de poner a prueba su investigación y redimirse. Había desarrollado una serie de hábitos previos al bateo que le permitían replicar el estado mental del «chico del palco», en el que era capaz de entrar entre lanzamiento y lanzamiento. En una final que estaba transmitiéndose internacionalmente, y ante un público de veintiocho mil personas, volvió a darse una situación en la que todo dependía de él. Como Snape mismo explicó: «Mi equipo necesitaba cuatro carreras para ganar en las últimas jugadas [...]. Aumenté a nueve el "enfoque mental" durante mi rutina de respiración previa al tiro, y reduje a uno el enfoque en el resultado, el marcador, el dinero del premio y la reacción de los medios». Es decir, el jugador se centró en la tarea, no en la imagen.

Ante el experimentado lanzador internacional paquistaní Azhar Mahmood, Snape sintió que se apoderaba de él la tensión. Mahmood era «tremendamente preciso», y Snape temió repetir el fallo que había cometido tres años antes en la India. Se puso en la piel del «chico del palco» hasta tal punto que, según sus propias palabras, liberó la parte del cerebro que jugaba instintivamente, y ejecutó uno de los mejores bateos de su carrera. Ganaron el juego y sus compañeros lo sacaron en volandas. Ya estaba confirmado: la estrategia del «chico del palco» funcionaba.

En el Campeonato del Mundo de 2007, ya como psicólogo deportivo, Snape comprobó que se daba el mismo problema entre los jugadores de los países asociados. Tras dejar que la presión les hiciera cometer un error, arrojaban al suelo el bate en los vestuarios y se ponían a soltar tacos. Después se quitaban el sudor de la cara y salían al palco de jugadores a animar a sus compañeros de equipo en el clímax del partido. Cuando salían al palco les ocurría algo. Se sentían totalmente distintos incluso cuando la situación era más crítica porque el equipo necesitaba anotar el mismo número de carreras en aún menos tiempo.

Snape presentó a los equipos de los países asociados el concepto del «chico del palco», y les encantó. Mandaron hacer camisetas con la expresión CHICO DEL PALCO estampada, se hablaba del «chico del palco», y los jugadores se visualizaban como el «chico del palco» antes de salir a batear. También lo hacían entre lanzamiento y lanzamiento para calmar la mente y evitar la inmersión en el yo aquí y ahora, que tan vulnerables al desbordamiento emocional los volvía. El «chico del palco» funcionaba. Como coach, Snape fue capaz de abordar el principal impedimento que tenían los jugadores para rendir al máximo: ellos mismos.

Seguramente entiendas muy bien por qué la perspectiva desde el palco después de batear es distinta de la que se tiene mientras se batea, con el lanzador delante y rodeado por los miembros del otro equipo. Pero ¿es posible conseguir el mismo efecto con solo imaginarte en el palco, contemplando desde allí arriba una escena en la que tú mismo participas? ¡Claro que sí!

Ser el «chico del palco» es convertirte en otra persona, pero el «chico del palco», además, está situado en otro lugar. Esta imagen mental implica que te encuentras en un lugar distinto, mirándote desde lejos, como haría el entrenador desde la banda del campo. El «chico del palco» tiene una perspectiva visual similar a la del entrenador, que está físicamente fuera del terreno de juego. Esta reubicación mental se llama «distanciamiento espacial». Al irte al palco, te vas a otro lugar. Pero a la vez te conviertes en otra persona y te miras igual que te miraría un entrenador o un consejero.

Negociar desde el palco

En el momento apropiado, la distancia espacial no solo mejora el rendimiento, sino que, además, el punto de vista externo —verte como parte del todo— y la consiguiente sensación de calma harán que la toma de decisiones sea mejor. Al igual que sucede cuando vas a batear en un torneo internacional de críquet, las negociaciones desencadenan de forma natural el estado de yo aquí y ahora, centrado en uno mismo. William Ury, que cofundó el programa de Harvard sobre negociación, es coautor del superventas *Obtenga el sí*, donde se describen los problemas de atrincherarse en una postura centrada en uno mismo durante una negociación. Una vez que adoptamos una posición, nos dedicamos a argumentarla y defenderla; nos identificamos con ella y la asimilamos a la imagen que tenemos de nosotros mismos. Esa postura podría ser que el precio de una adquisición estratégica es de 100 millones de dólares (¡y ni un céntimo más!) o que el número de inspecciones que se le permiten a un país para verificar la ausencia de armas nucleares es X. Ceder sería como renunciar a una parte de nosotros mismos. Una pérdida. Ahora, además del objetivo original de la negociación (o incluso en su lugar), tenemos uno nuevo: defendernos a nosotros mismos. Estamos ante el mismo cambio de enfoque de la tarea a la imagen que ya hemos visto.

Pero Ury cuenta con un truco para mantenerse centrado en la tarea que se tiene entre manos. Es el mismo que usaba Snape: ir al palco. Ury, que ha participado en algunas negociaciones internacionales de alto nivel que entrañaban gran dificultad, como el establecimiento de protocolos de reducción del riesgo nuclear entre Estados Unidos y Rusia, describe cómo crea distancia entre él y la negociación. En medio de las conversaciones, le gusta hacer mentalmente una pausa e imaginarse en un palco, mirando desde allí la negociación, en lugar de estar sentado a la mesa donde esta se desarrolla.[2]

Y es que los negociadores tienen los mismos sesgos humanos que el resto de las personas: el de anclaje, el de confirmación, el de intensificación del compromiso, etcétera. Y estos pueden exacerbarse cuando la situación se pone tensa y, sobre todo, si se entra en el terreno personal. Naturalmente, estos problemas suelen dar lugar a peores resultados para ambas partes.[3]

Ury hace una pausa y se va al palco a crear un espacio mental. Podría durar nada más que lo que se tarda en inspirar y espirar o que una pausa natural en una conversación. Así lo describe: «Parte de la mente se va a un palco mental y emocional, un lugar de calma, perspectiva y autocontrol donde puedes seguir centrado en tus intereses y mantener la vista en el premio». Ir al palco le ayuda a escapar de la perspectiva del yo aquí y ahora, centrada en sí mismo, y adoptar el punto de vista distanciado de un consejero.

ESTRATEGIA 1: Conviértete en el «chico del palco». Tú también puedes hacerlo. Pruébalo antes de abordar una situación estresante. Imagina que te están aguijoneando las ganas de competir, te martillean voces críticas en la cabeza o te has atrincherado en una postura concreta en una discusión. Ve al palco. Hazlo durante una pausa, como antes de una actuación, antes de batear, etcétera. Date un paseo mental hasta el palco y obsérvate desde allí. Te sentirás más cómodo, te centrarás únicamente en la tarea que tienes entre manos, sin que te distraiga tu imagen, con una mezcla serena de determinación, diversión y posibilidades. El teletransporte mental de este tipo es un superpoder humano que se usa demasiado poco.

Una mosca en la pared

Un estudio de los investigadores Özlem Ayduk y Ethan Kross se propuso explorar los efectos en el cuerpo del autodistanciamiento espacial.[4] Invitaron a los participantes a revivir un acontecimiento que les hubiera causado dolor, y les proporcionaron instrucciones para que trataran de entender las emociones que habían experimentado en aquel momento. A la mitad de ellos les dieron instrucciones para activar la perspectiva centrada en uno mismo: «Revive la situación como si volviera a pasarte todo otra vez. Vuelve a experimentar la interacción reproduciéndola en la mente»; a la otra mitad, para que se autodistanciasen: «Da unos pocos pasos para separarte. Apártate de la situación hasta un punto en que puedas observar el conflicto desde lejos. Observa su desarrollo como si estuviera sucediéndole a un yo distanciado». Estas instrucciones son muy parecidas a la de irse al palco, solo que los participantes estaban pensando en un hecho acontecido en el pasado, en lugar de verlo en el presente.

Nótese que, en los dos casos, estas personas reconocían que el hecho había ocurrido. La diferencia estribaba en que, en el grupo autodistanciado, imaginaban que le sucedía no a su yo del aquí y ahora, sino a una versión suya distanciada. Volvían a observar el hecho como si le estuviera ocurriendo a otra persona.

Tal y como esperaban los investigadores, quienes volvieron a contarse la historia desde una perspectiva distanciada afirmaron experimentar los sentimientos originales con mucha menos intensidad. Es decir, dejaron de revivir aquel hecho doloroso y de rumiar sobre él. Mediante el distanciamiento, lo reconstruyeron, revaluaron la situación, adquirieron cierta comprensión o sintieron cierta aceptación. El replanteamiento les brindó una perspectiva más elevada. Además, ser capaces de pasar página de aquel hecho que tanto malestar les había causado se reflejó en una presión arterial más baja: el cuerpo tomó nota.

¿Qué ocurre aquí en realidad? No negamos que sucediera ese acontecimiento tan amargo. Negarlo no ayuda ni funciona. Tampoco estamos sugiriendo que no haya que considerar responsables a quienes causaron ese dolor. Esa cuestión es independiente de la que nos ocupa. Lo que decimos es que los hechos del pasado son justo eso: del pasado. Ocurrieron y no se pueden cambiar. Reconocerlos es apropiado, pero dejar que continúen afectando negativamente a tu vida solo acrecienta el dolor. Distánciate, reconócelos, decide aceptarlos, pasa página y sigue adelante.

Por otro lado, si estamos mental y fisiológicamente más tranquilos, ¿no deberíamos ser también menos agresivos? Ese es el tema de la tesis doctoral de Dominik Mischkowski, junto con Ethan Kross, en la Universidad del Estado de Ohio.[5] En este caso, se dijo que la perspectiva distanciada era verse a uno mismo como «una mosca en la pared». Al estudio se unió el psicólogo Brad Bushman, prestigioso investigador sobre la agresividad. En su obra anterior, Bushman había usado una técnica muy ingeniosa para inducir éticamente una conducta agresiva en laboratorio a fin de medirla; consistía en que los participantes en el estudio seleccionasen el volumen y la duración de un estruendo que se reproduciría en los auriculares de otras personas.

A los participantes se los separó en tres grupos: el de control, el distanciado (ser como una mosca en la pared) y el centrado en sí mismo. Al principio del estudio, se les dijo a todos que tenían que resolver catorce anagramas difíciles (usando todas las letras de una palabra para formar otra) mientras escuchaban música clásica muy intensa. Solo tenían siete segundos para completar cada anagrama; cada vez que resolvían uno, debían utilizar un intercomunicador para avisar al encargado de supervisar el experimento. Tras el cuarto problema, el experimentador los interrumpía: «Perdona, casi no te oigo. Habla más alto, por favor». Luego, después del octavo problema, volvía a intervenir: «Perdona, necesito que hables más alto, ¡gracias!». Y, después del duodécimo, exclamaba: «¡Mira, es la tercera vez que tengo que decírtelo! ¿No sabes seguir instrucciones? ¡Habla más alto!». Los participantes del grupo centrado en sí mismo se enfadaron más ante esta actitud, y su comportamiento fue más agresivo: cuando se les dio la oportunidad de reproducir un estallido de ruido en los auriculares de otra persona, eligieron un volumen más alto.

La investigación sobre esta sencilla técnica mental de autodistanciamiento espacial muestra sistemáticamente que, al aplicarla, las personas experimentan menos emociones negativas, incluidas la rabia y la depresión; son menos propensas a rumiar hechos dolorosos; tienen la presión arterial más baja, e incluso se comportan de forma menos agresiva. El esfuerzo adicional de emplearla dura unos quince segundos, pero sus efectos pueden mantenerse hasta una semana.[6] Es posible que tardes algo más y necesites esforzarte un poco para alcanzar una perspectiva distanciada, pero los beneficios bien merecen la pena.

ESTRATEGIA 2: Sé una mosca en la pared. Cuando pienses sobre un hecho del pasado que te provocó dolor y malestar, considéralo desde una perspectiva distanciada. Usa esta herramienta en caso de que, al revivir la misma experiencia negativa más de una vez, no llegues a adquirir mayor comprensión de lo sucedido o no logres pasar página. Apártate de la situación, obsérvala desde la perspectiva de una mosca en la pared. Mira cómo le sucede el hecho en cuestión a ese yo tuyo lejano. Si quieres, también puedes tratar de entender las emociones que está experimentando ese yo lejano y por qué se siente de esa manera. Esto te ayudará a reinterpretar el hecho para comprenderlo mejor y seguir adelante.

Cuando te ves desde la perspectiva de una mosca en la pared o desde un palco, acabas pensando en ti mismo como en una persona distinta. Y, desde la perspectiva lejana espacial, usar la tercera persona no resulta nada forzado. Existe una tendencia natural hacia el ileísmo espontáneo. Estar en otro lugar nos permite de manera fluida ser también otra persona.

El poder de la observación

Volvamos a Jen Pierce, la exdirectiva de operaciones bursátiles con materias primas que actualmente trabaja de coach de ejecutivos. Pierce nos contó la historia de la doctora Carson, una clienta suya, cardióloga. (Hemos cambiado algunos datos para que la historia permanezca anónima). La doctora, una profesional muy dotada, no necesitaba los consejos de Pierce en la práctica de la medicina, sino porque siempre se sentía sobrepasada y estresada. Su ansiedad hacía sufrir a su familia, y sabía que necesitaba alcanzar un mejor equilibrio entre el trabajo y la vida personal. Esta era, ostensiblemente, la razón por la que buscó la ayuda profesional de Pierce.

En su clínica, la doctora Carson tenía que lidiar con el engorro habitual del papeleo: seguros, facturas, alta rotación de empleados y nóminas. Pero, según ella, el sector era así. Era fácil quejarse y estresarse por estas tareas administrativas (al parecer fuera del control de la doctora), pero Pierce se dio cuenta de que no eran el auténtico problema, sino solo síntomas de una cuestión más profunda. Pierce esperaba ayudar a la doctora Carson para que reconociera que tanto el problema real como la solución residían en su mente.

Cuando la cardióloga empezó a quejarse de los asuntos de personal y otros relacionados, Pierce le dijo que no era de eso de lo que quería hablar. Necesitaba empezar por otra parte y, mediante una serie de preguntas, averiguar la raíz de su estrés. Comenzó con su rutina diaria: a qué hora se levantaba por las mañanas, qué era lo primero que hacía, a qué hora se iba a trabajar, cuántos pacientes veía en una jornada y durante cuánto tiempo. Luego Pierce se centró en su primera cita del día.

«¿Dónde estás ahora mismo? —le preguntaba—. ¿Qué haces? ¿Con quién hablas? ¿Estás en modo multitarea? ¿Bebes café?». Luego fue aún más específica. «¿Cómo entras en la habitación? ¿Cómo llamas a la puerta? ¿Abres la puerta? ¿Te quedas de pie o te sientas? ¿Escribes en algún sitio? ¿Tomas notas en el ordenador? ¿Miras a la persona a los ojos? ¿Te sientas con ella? ¿Hablas con ella?».

Al ver que la doctora Carson solo disponía de entre diez y quince minutos para pasar consulta a cada paciente, Pierce quiso que le contase qué ocurría en ese intervalo de tiempo relativamente corto. «Tienen que esperar semanas para la cita —explicaba la doctora—. Y los pacientes se quejan. O ni siquiera logran venir a verme. Pero, cuando por fin estoy con ellos, tengo que revisar las notas en el estúpido sistema informático. Lo odio. Odio verme obligada a estar durante toda la consulta mirando el ordenador. Y luego llama alguien diciendo que no viene a trabajar porque se ha puesto enfermo y se me cae el mundo encima».

Pierce le pidió que diera un paso más. «¿Cómo te sientes por dentro? ¿Qué le pasa a tu ritmo cardiaco? ¿Cuánta cafeína tomas? ¿Estás molesta? ¿Estás feliz? Ve contándome cómo vas pasando el día. ¿Cuándo te sientes bien? ¿Cuándo te encuentras relajada?». La doctora Carson le contestó que nunca se relajaba, que siempre llegaba tarde a la siguiente cita. «La enfermera me dice "Venga, tienes que irte", y yo miro la hora en el reloj y tengo la mano en el pomo de la puerta como si quisiera irme, pero el paciente sigue hablando. Y cada vez voy frustrándome y alterándome más porque voy más retrasada».

Pierce, como coach, era una observadora externa (lo importante, de todas formas, era que toda la información provenía directamente de la doctora). Así las cosas, le sugirió a la cardióloga algo que probablemente ella no habría considerado nunca, o al menos no mientras siguiera centrada en la perspectiva del yo aquí y ahora: «Intentemos evitar lo de la puerta, porque estás dentro de la habitación, pero muriéndote por marcharte. Te sugiero que te sientes frente al paciente. Pruébalo un día con varios y luego valora cómo te has sentido, cómo se sintieron ellos y cuánto retraso acumulaste al final de ese día».

Que eligiera estar presente con los enfermos, aunque solo fuera unos momentos, permitió a la doctora Carson bajar el ritmo. Esa actitud la llevó a centrarse y a conectar con ellos a nivel más profundo que antes. Pierce sugirió que tratara de hacer algo similar con el personal: «¿Los miras a los ojos por la mañana? ¿Dices "Buenos días"? ¿Los llamas por su nombre? ¿O solo te dedicas a ir de un lado para otro como pollo sin cabeza gritándoles órdenes porque esto no está hecho y corre mucha prisa?».

Pierce tenía la perspectiva del observador, pero se basó en lo que la doctora Carson fue capaz de contarle. Le dio a la doctora el tipo de consejo sensato que ofrecemos a un amigo porque desde fuera vemos su situación con mucha mayor claridad. Tras seguir su consejo, la doctora Carson afirmó sentirse menos estresada, y el personal dejó de rotar tanto. Además, empezó a recibir mejores opiniones de los pacientes. Tú también puedes hacer algo así.

ESTRATEGIA 3: Observa el comportamiento de [tu nombre]. Puedes hacerte el mismo tipo de preguntas que le hizo Pierce a la doctora Carson. De todas formas, plantéate una variación: formúlatelas en tercera persona. He aquí algunos ejemplos que te pueden ayudar al principio. Probablemente puedas añadir algunas preguntas de tu cosecha. Cuando sea posible, céntrate en los comportamientos específicos.

- ¿Cuándo va a trabajar [tu nombre]? ¿Cómo se siente cuando llega?

- ¿Cuándo empieza realmente a trabajar [tu nombre]? ¿Qué significa eso? ¿Qué hace [tu nombre] antes de empezar a trabajar?

- ¿Cómo interactúa [tu nombre] y se comunica con otras personas?

- Si alguien observara a [tu nombre], ¿qué vería?

- ¿Qué se pasa [tu nombre] haciendo la mayor parte del tiempo? ¿Qué actividades son las más importantes?

- ¿Cómo se siente [tu nombre] al final de la jornada de trabajo? ¿Qué pensamientos le ocupan la mente?

James Clear habla sobre el poder de la observación en su super-ventas *Hábitos atómicos*.[7] La observación es un punto de partida cla-ve en la identificación de los malos hábitos para eliminarlos y sus-tituirlos por otros buenos. Todo empieza por observarnos a nosotros mismos como si estuviéramos viendo a otra persona. Como en «Lo/la veo caminando hacia la oficina sin contactar visualmente con na-die». O «Veo que nada más sentarse en la mesa coge el móvil y se pasa varios minutos navegando por internet». O «Lo/la veo yendo a la despensa a coger algo de picar que no es saludable». Solo nos decidimos a cambiar un comportamiento cuando hemos sido capa-ces de observarlo de manera objetiva. Plantéatelo como si estuvie-ras viendo una grabación de ti mismo con los ojos de un coach im-parcial y comprensivo que simplemente observa qué se puede mejorar.

Ver la grabación del partido

David recuerda una tarde en que se subió a un avión justo después de un partido de la NFL y se encontró con que los miembros del equi-po de arbitraje estaban en los asientos cercanos. Aún no se había ce-rrado la puerta de la cabina cuando ya habían encendido los iPad para ver la grabación del encuentro y revisar su actuación. Las bebidas que se pidieron seguro que los ayudaron a digerir mejor la experiencia de verse en el campo y comprobar las decisiones que habían tomado. Durante la Super Bowl de esa temporada, David reconocería en otros trayectos al mismo árbitro jefe y al mismo equipo de jueces y auxilia-res que había visto en aquel vuelo. Y no por casualidad.

Los entrenadores y los jugadores de cualquier equipo depor-tivo profesional o universitario, incluso los de algunos institutos de enseñanza secundaria, tienen el hábito de ver las grabaciones de los partidos. Aunque es imposible saber cuáles son las intenciones de los jugadores, los entrenadores pueden observar su comportamiento.

Los libros de registro, las cronologías, las grabaciones de reuniones y los vídeos de discursos pueden ayudarte a recrear una imagen precisa de tu actuación. Esta te vendrá bien para aprender más rápido, progresar y tomar mejores decisiones en adelante. La memoria no puede acercarte a la realidad de un modo tan preciso como estas herramientas. Recuerda que, ante una pregunta tan simple como «¿Qué porcentaje de trabajo hiciste?», la mente discrimina de manera eficaz lo que recordamos para potenciar la imagen que tenemos de nosotros mismos como buenos compañeros de equipo. Sin hacer ningún esfuerzo, seguro que nos acordamos de un fin de semana en el que fuimos a trabajar (y recordamos además cuál fue exactamente, cuánto tiempo estuvimos en nuestro puesto y qué dejamos de hacer por haber tenido que ir), pero es muy probable que olvidemos el fin de semana en que otro colega hizo lo mismo por iniciativa propia, suponiendo que estuviéramos allí para verlo.

Cuando el cirujano Atul Gawande se dio cuenta de que su rendimiento en el quirófano se había estancado, contrató como coach a un antiguo mentor suyo para que lo observara en tiempo real. Gawande cuenta que el coach advirtió en las operaciones aspectos que a él le habían pasado desapercibidos por completo: una luz que había movido y no se dirigía directamente a la herida de la operación; una elevación del codo casi a la altura del hombro que había reducido su capacidad de controlar el instrumento, etcétera. El coach hizo lo que los buenos profesionales: actuar como «unos ojos y oídos externos que aportan una imagen más precisa de la realidad».

En una charla TED de 2017, Gawande contó lo que le había dicho el coach: «De vez en cuando elevas el codo, lo que significa que no tienes el control absoluto de la situación. Los codos de un cirujano han de estar bien pegados a los costados. Es decir, si ves que los elevas, es porque o bien necesitas cambiar de instrumento o bien necesitas desplazar los pies».[8] Gawande explicó la revelación como «un nivel de conciencia totalmente nuevo». Convencido de que tener coach ayudaba, Gawande aplicó este modelo para mejorar la asistencia al parto en la India. Sin coach, apenas un tercio de las intervenciones superaban el rendimiento medio y la tendencia no parecía mejorar. Tras llevar cuatro meses con la ayuda de esta figura, se evaluó el rendimiento en 160.000 partos, y los equipos con los que trabajaba Gawande empezaron a arrojar un rendimiento de más de dos tercios por encima de la media.

Desde entonces, Gawande es defensor del uso del coach y ha estudiado esta práctica con profundidad. En un artículo para *The New Yorker*, preguntó al reputado violinista Itzhak Perlman: «Si tantos atletas de élite tienen un coach, ¿por qué no los concertistas?».[9] Perlman no estaba seguro, pero le contó a Gawande un pequeño secreto: que él llevaba mucho tiempo disfrutando de su propia versión de un coach, su mujer, Toby, a quien había conocido en Julliard hacía más de cuarenta años. Le explicó a Gawande: «El gran reto de un intérprete es escucharse a sí mismo. La fisicalidad, es decir, la sensación que se experimenta al tocar el violín, interfiere en la precisión de la escucha». La percepción que tienen los concertistas de su música mientras interpretan puede variar mucho respecto de la de los oyentes. Perlman le contó a Gawande que su mujer era «un oído adicional» que le aportaba información. Por supuesto, para un caso como el suyo se requiere un observador independiente. Sin embargo, con una perspectiva distanciada, es posible observar de manera efectiva la mayor parte de los comportamientos propios y usar la información obtenida para mejorar.

ESTRATEGIA 4: Revisa la grabación del partido. Repasa lo que has hecho en el día con la idea de buscar pruebas e información objetiva. Examina cada escena como si fueras tu consejero y evalúate tanto si el resultado es positivo como si es desagradable. Si el consejero pudiera observar tu huella digital o documental de la jornada, ¿qué historia contaría? Recuerda que él es comprensivo pero objetivo. No le preocupa por qué metes el brazo en el agua de cierta manera o por qué vas directamente a picar o a tomarte un dulce cuando llegas a casa del trabajo. El consejero ve el comportamiento clara e imparcialmente, sin emociones, por eso puede aconsejarte lo que deberías hacer.

David se ha grabado nadando para practicar la observación con la idea de aplicar esta técnica a la revisión de sus discursos públicos. Intenta llevar la mentalidad curiosa, entusiasta y orientada a la mejora con la que revisa sus vídeos de natación a actividades de mayor relevancia, como cuando da un discurso inaugural o tiene que hablar con un cliente. También usa esta técnica de autoobservación cuando surgen debates difíciles que podrían llevarle a sentir ira o frustración, lo que le nublaría el juicio. Cuando usa esta estrategia, suele tener menos propensión a experimentar estas emociones negativas. ¿Estás aprendiendo un idioma nuevo? Grábate y reprodúcelo.

No se trata de ti

Existe una diferencia importante entre imaginar que te estás observando desde una perspectiva distanciada con un objetivo en mente y un fin constructivo, y mirarte para calibrar tu imagen como cuando vas a sacarte un selfi. El asunto aquí no eres tú ni la imagen que das. El tema es la tarea, la situación, la decisión a la que te enfrentas.

Josh Waitzkin, el prodigio del ajedrez que inspiró la película *En busca de Bobby Fischer*, se reinventó como artista marcial (llegó a ser campeón del mundo), y luego de nuevo como autor, con su obra *El arte de aprender*.[10] Waitzkin conocía los peligros de la perspectiva del observador que juzga su propia imagen. «A veces me parecía que estaba jugando al ajedrez desde el otro lado de la habitación mientras me veía pensar». Se dio cuenta de que no se miraba con una actitud de distanciamiento pleno, de que no se observaba de la misma manera neutral con la que estudiaría a los contrincantes. Se observaba, sí, pero desde una perspectiva centrada en sí mismo. Consciente de su fama, le preocupaba lo que pudieran pensar de él los demás y el aspecto físico que tenía mientras jugaba. Centrarse en su imagen, no en la tarea, entorpecía su capacidad de concentración.

Si, cuando haces el ejercicio de observarte, empiezas a pensar sobre tu aspecto o sobre lo que podrían pensar de ti los demás, no estarás haciéndolo correctamente. Seguirás atrapado en tu cabeza. Tienes que salir de ti mismo y convertirte de verdad en la persona que mira desde el palco. Debes convertirte de verdad en consejero. No en alguien que te examina para juzgarte. Ni en un miembro del público. Ni en los medios. Sino en un observador imparcial que mira a cierta distancia.

Recuerda que al desplazarte mentalmente al palco o convertirte en una mosca en la pared estarás mirándote a través del objetivo del consejero, con una perspectiva imparcial, no la tuya propia. Esa persona que está en el centro de la acción no eres tú. Estarás observándola para aconsejarla. El consejero se centra en la tarea, no en la imagen.

¿Sigues atascado en la perspectiva centrada en ti mismo? Aleja el zoom. Cuando el astronauta Edgar Mitchell, tripulante del Apolo 14, volvió de la Luna, dijo: «Adoptas instantáneamente una conciencia global, orientada a la gente, una intensa insatisfacción con el estado del mundo, el apremio de hacer algo al respecto. Desde la Luna, la política internacional resulta tan mezquina e insignificante… Te entran ganas de coger a los políticos por el pescuezo, arrastrarlos los 384.000 kilómetros que separan la Tierra de la Luna, y una vez allí decirles: "Mira, hijo de perra…".».[11] Otros astronautas y diferentes personas que han viajado al espacio han referido experiencias similares. Este fenómeno es tan común que ha recibido el nombre de «efecto perspectiva».

Desde el espacio parecemos pequeños, insignificantes. Nuestros problemas, meros parpadeos. Las cosas que tenemos en común superan con creces las nimias diferencias. Puedes simular esta sensación yendo a Google Earth y alejándote con el zoom todo lo que puedas. Estarás en buena compañía: Newton se imaginaba en las estrellas, mirando desde allí la Tierra; Einstein se imaginaba cómo sería ir montado en un rayo de luz

Distánciate para sacar partido de la evaluación de tu conducta

A medida que te alejas de algo, se van desvaneciendo los detalles concretos y se ponen de manifiesto las formas básicas y los patrones que se repiten. Cuando nos centramos en los detalles, nublamos esa visión más amplia y general. Digamos que accedes a jugar una partida de cartas, pero, cuando ves la baraja, no reconoces las figuras de los naipes. Tienes que elegir entre dos cartas, y una de ellas será la que te haga ganar. Parece aleatorio, pero no lo es tanto. Algunas cartas tienen más probabilidades de hacerte ganar que otras. La buena noticia es que, cada vez que eliges, se te da cierta información («Correcto, ganas veinticinco puntos» o «Incorrecto»), de modo que ajustas tu selección a medida que vas averiguando la pauta. En eso consiste un estudio que dirigió Quentin Dercon, investigador de Cambridge.[12] El grupo experimental del ensayo tenía que ver un vídeo de noventa segundos sobre el poder del distanciamiento cognitivo antes de que se repartieran las cartas por primera vez, y tras cada ronda del juego recibía las siguientes instrucciones: «Trata de distanciarte de tu reacción inmediata, aléjate de lo que sientes». El grupo de control tenía la misma tarea que el experimental, pero ni había visto el vídeo ni había recibido las instrucciones de autodistanciamiento tras cada ronda.

Casi resulta extraño que esta manipulación mental tan sencilla ayudara a la gente a elegir las cartas ganadoras. La razón, según el estudio, es que el grupo que se autodistanciaba aprendía más de la información negativa y por eso acababa rindiendo mejor. Y cuanto más difícil se volvía el juego, más aprendían los jugadores de la información negativa. Al observar desde el palco, somos capaces de aceptar mejor la necesaria evaluación que nos permite mejorar nuestro rendimiento, incluso aunque sea negativa; según este estudio, sobre todo si es negativa.

Los beneficios de alejarse mentalmente dependen en parte de que estemos aprendiendo de la evaluación que recibimos o de la que es fruto de nuestra observación. El distanciamiento espacial nos permite sacar partido de las evaluaciones negativas, ya que nos ayuda a no ponernos a la defensiva, lo que nos lleva a aprender más. Cuando nos dan alergia las evaluaciones es porque estamos atrapados en la perspectiva centrada en nosotros mismos. Por el contrario, el autodistanciamiento nos permite aprovechar la evaluación, corregir el curso que llevamos y seguir adelante. Una evaluación no tiene por qué dar lugar a la incómoda conversación que a veces sigue a la temida pregunta «¿Te importa si te doy mi opinión?». Tampoco tiene que parecerse a la revisión anual que se practica en las empresas. Usamos aquí el término «evaluación» en un sentido amplio: información derivada de una tarea concreta. Por ejemplo, cómo afecta a la distancia por brazada el hecho de cambiar la posición de la mano en cierta parte del movimiento.

Piensa en los mejores entrenadores, instructores, profesores, jefes o mentores que hayas tenido. No se limitaban a animarte mientras te esforzabas, sino que también te decían las verdades incómodas que contribuyeron a que te desarrollaras y crecieras. Al observarte desde una distancia espacial, creas el espacio mental que te permite aceptar una crítica constructiva y actuar al respecto sin dejar que se interponga el ego.

Al igual que nosotros, otras personas funcionan también con mecanismos de defensa egoicos, lo que inhibe en gran medida la crítica clara y constructiva en el lugar de trabajo. Es decir, no es probable que recibamos las opiniones más útiles y sinceras aun cuando las pidamos nosotros mismos.

La técnica que recomiendan Daniel Yudkin y Tessa West en su artículo del *Wall Street Journal* «How to tell if you're the office jerk» consiste en pedir opinión sobre el comportamiento ideal, y no sobre el propio.[13] Por ejemplo, en lugar de preguntar: «¿Te he dado tiempo suficiente para hacer los cambios en el documento que te asigné?», di: «¿Cuánto tiempo necesitarías para hacer cambios en documentos como el que te he asignado?». Este enfoque es efectivo porque le da a la otra persona un poco de espacio entre su opinión y tú. Su respuesta no enjuicia tu conducta, algo que tu interlocutor podría temer que te pusiera a la defensiva; eso reduciría la probabilidad de que actuases en función de la opinión expresada y posiblemente dañaría vuestra relación.

CÓMO ESTAR EN EL PALCO

1. **Conviértete en el chico del palco.** Mira la situación desde el palco cuando te prepares para un hecho estresante y durante las pausas de la acción. Así podrás centrarte en la tarea, en lugar de preocuparte por la imagen que estés dando.

2. **Sé una mosca en la pared.** Recrea un hecho negativo mientras lo observas a distancia. Este replanteamiento, en lugar de llevarte a revivir el dolor, te aportará perspectiva, comprensión y aceptación, y te permitirá pasar página.

3. **Observa el comportamiento de [tu nombre].** Cuando revises tu propia conducta, hazlo como si estuvieras observando a un tercero y formula preguntas a esa persona.

4. **Ve la grabación del partido.** Conviértete en consejero y repasa el vídeo para observar tu comportamiento sin tener en consideración tus motivos ni ninguna excusa. Después de revisar la grabación, donde se reproduce la actividad de manera objetiva, haz una evaluación susceptible de aplicarse en la práctica.

RESUMEN

Irte al palco o ser una mosca en la pared te llevará a salir automáticamente de la perspectiva centrada en el yo aquí y ahora y a adoptar la del consejero. Al ser otra persona nos convertimos en ella, lo que reduce los efectos disfuncionales del ego. Cuando nos observamos desde un punto de vista distanciado, nos sentimos como si estuviéramos mirando a otra persona. Y nos vemos con mayor claridad, con menor distorsión. Nos centramos en nuestra tarea, no en la imagen que proyectamos. En este estado de distanciamiento, tenemos más capacidad para aprender de las críticas de los demás y así tomar mejores decisiones.

Mirarnos desde lejos tiene otro beneficio. Y es que podemos ver el cuadro completo.

6

Ver el cuadro completo

> Qué curioso que poner un poco de distan-
> cia haga que todo parezca pequeño; y los
> miedos que antes me controlaban no pue-
> den alcanzarme.
>
> ELSA, *Frozen*

En nuestro programa global de formación y transformación para el liderazgo basado en la intención, tenemos de socio en Varsovia a la consultoría 4Results, fundada por Maciej Trybulec y Slavek Balszczak. Los clientes de Trybulec suelen acudir a él porque desean transformar su cultura empresarial. Otras veces lo hacen porque están intentando tomar una decisión estratégica específica. En estos casos, Trybulec organiza una práctica en la que les hace imaginar que están en una pista de baile. Él nos explicó: «No sé vosotros, pero yo siempre me siento algo cohibido cuando bailo. No quiero, pero es así. De modo que, para mí, bailar es un poco performativo; desencadena una presión que me empuja a una perspectiva centrada en mí mismo». Con la práctica que organiza, el consultor intenta que los participantes sean conscientes justo de esa sensación.

En primer lugar, Trybulec les pide que anoten lo que ven, piensan y sienten mientras bailan. Automáticamente, por defecto, adoptan la primera persona, centrada en uno mismo. En ese estado, podrían escribir: «Veo gente a mi alrededor y pienso en cómo me muevo. Me estoy comparando con ellos».

A continuación, Trybulec les pide que imaginen que están en un palco, mirando desde allí la pista donde bailan, y que repitan el ejercicio. Con esta nueva instrucción, ven la pista de baile como un todo y describen la escena entera, en plan: «Hay más gente bailando en el otro extremo de la pista, y otro grupo también lo hace en una fila, más cerca de los altavoces». Cuando han adoptado esa segunda perspectiva más amplia, les pide que piensen en soluciones para el problema que quieren abordar en su negocio. Trybulec nos ha contado que, entonces, estos directivos se plantean la cuestión con menor implicación emocional, y que se les ocurren soluciones más creativas que cuando pensaban desde la perspectiva en primera persona «de la pista de baile».

Este ejercicio ilustra un beneficio adicional del autodistanciamiento espacial. Irse al palco no solo nos ayuda a crear una distancia psicológica, sino que además nos permite ver el cuadro completo. Es algo totalmente natural: cuanto más nos alejamos de un objeto, escena o dilema, más lo vemos en su integridad. Cuando pensamos en situaciones lejanas, las representamos mentalmente menos en términos de sus características de nivel más bajo (es decir, específicas, concretas e idiosincráticas), y más en términos de sus cualidades más esenciales, abstractas y generales. La distancia espacial nos invita a subir por la escalera de la representación hacia el nivel más alto.[1]

ESTRATEGIA 1: Aleja el zoom. Imagina que te ves en la pista de baile. Pero no te centres en ti. No mires cómo bailas, fíjate en la pista. Tú eres parte de la escena nada más. Seguro que ves la situación completa con mayor claridad. Quizá algunos de los detalles específicos estén borrosos, pero serás capaz de ver las formas fundamentales y cómo encajan entre sí. Tendrás la sensación de que estás ganando perspectiva y de que ves el cuadro completo. Para ilustrar este efecto, la siguiente vez que contemples un paisaje amplio o una escena urbana, relaja la vista por un momento y permite que los detalles se vuelvan borrosos. Capta la sensación de los colores generales y las principales formas de modo que desaparezcan los detalles.

Cambiar de perspectiva mediante el distanciamiento espacial hace que pasemos del yo aquí y ahora a que nos veamos como parte de un todo más grande. De esta manera, nuestro sentido del yo como algo único y la importancia que nos damos quedarán minimizados. Simplemente formamos parte del equipo, de la escena, de la acción. Si nos imaginamos en la posición del consejero, que, como un entrenador, siempre está fuera de la cancha, desencadenaremos automáticamente esta perspectiva. Al adoptar el punto de vista del consejero, que nos mira desde el palco, vemos la situación desde un ángulo totalmente nuevo que nos permite tomar mejores decisiones tanto en el campo de juego como en la pista de baile o en la mesa de negociación. Nos vemos como un jugador más.

La distancia revela lo que más importa

Comprar un coche es una decisión de gran trascendencia. Se trata de un gasto importante que, para muchas familias, solo es superado por la compra de una casa. Durante años, esta adquisición afectará a nuestra vida diaria y a nuestra situación financiera. Sin embargo, según tree.com, el 39 % de las personas que compran un coche se arrepienten de su adquisición. Vamos a examinar por qué.

¿Qué es lo que ocurre normalmente cuando vamos a comprar un coche? Llegamos al concesionario con la intención de adquirir un modelo concreto. Hemos investigado sobre el automóvil en cuestión en internet, hemos revisado las opiniones que se han publicado y hemos hablado con familiares, amigos y otras personas que conocemos y que creemos que pueden aconsejarnos. Entramos confiados en el concesionario y explicamos lo que estamos buscando, y nos dicen que nuestro modelo está agotado. «Pero —dice el vendedor con una sonrisa— tenemos este otro coche». Se inician las negociaciones. Al cabo de más o menos una hora, salimos tras haber gastado dinero en prestaciones que no necesitábamos, un modelo más caro del que queríamos o una solución financiera que reduce la cuota mensual, pero incrementa el coste total.

Cuando compramos ese coche en el concesionario, estábamos allí, justo frente al negociador, inmersos en el aquí y el ahora, clavados en la ubicación. Estábamos absortos en la acción mental y físicamente. En ese estado recibimos una sobrecarga de datos: opciones del vehículo, paquetes y financiación. Si hubiéramos creado un espacio, es probable que hubiésemos conseguido acercarnos más a lo que realmente queríamos.

Jun Fukukura y sus colegas realizaron una serie de estudios para examinar esta idea y averiguar cómo el distanciamiento puede mejorar el proceso de toma de decisiones.[2] Para ello, presentaron a sus alumnos de grado en Cornell una tarea diseñada para que el proceso fuera abrumador en términos de detalles y opciones, y luego compararon lo que habían hecho.

Se dividió a los participantes y se les pidió que pensaran en que tenían que comprar un coche donde vivían, en Ithaca (Nueva York) o en otra parte del país, en Portland (Oregón). También había un grupo de control para el que no se estableció ninguna ubicación. A los grupos que tenían una ubicación establecida se les sobrecargó con infinidad de datos e incontables características de coches hipotéticos. Tras un breve periodo, se les preguntó qué coche debían comprar. Los detalles eran demasiado complejos para analizarlos exhaustivamente en el plazo de tiempo concedido: había doce características que variaban (por ejemplo, consumo de combustible por kilómetro, sistema de sonido, portavasos) y cuatro marcas ficticias diferentes (como Hatsdun o Nabusi). Había una solución óptima: la marca que tenía las características más valoradas por los consumidores en general. Por ejemplo, para la mayoría de la gente, el consumo por kilómetro es más importante que el número de portavasos.

La sobrecarga de información pasó factura: un 63 % de los participantes que compraron el coche en su localidad no tomaron la decisión óptima. Sin embargo, en el grupo que tenía que comprarlo en Portland, a tres mil kilómetros de su ciudad, solo el 31 % escogieron una opción poco acertada. ¿Y en el grupo de control, al que no se le especificó ninguna ubicación? En este se dieron los mismos resultados que en el que compró en su misma localidad, lo que lleva a concluir algo que ya sabíamos: que el estado centrado en uno mismo es nuestro estado por defecto. Sin que nos digan dónde comprar un coche, automáticamente nos ponemos en la situación de adquirirlo en el lugar donde nos encontramos. Los autores resumen así el estudio: «Por tanto, a la hora de afrontar una decisión que conlleve muchos datos, el interesado podría mejorar el resultado autoinduciéndose un distanciamiento psicológico».

Esta mejora es atribuible a que el distanciamiento propicia que se recurra más a la «memoria de lo esencial». Los alumnos en los que se indujo el distanciamiento espacial estaban menos abrumados por el maremágnum de detalles que no podían gestionar, y fueron capaces de percibir, retener y recordar las características más importantes. Es decir, el experimento demostró que la distancia nos ayuda a tomar mejores decisiones, pues permite que nos centremos en principios generales más abstractos. Por tanto, alejar el zoom no solo nos lleva a vernos mejor, sino también a ver el cuadro completo.

Tomemos por ejemplo el tamaño de un móvil. Si te dicen que mide 11,4 cm de largo por 5,8 cm de ancho y 0,7 cm de grosor, con el tiempo te olvidarás de los números, pero seguro que recuerdas que era pequeño.

Captar lo esencial

Sabemos que los mejores negociadores, como William Ury, usan la separación espacial para «estar en el palco». La motivación de este tipo de separación es alcanzar una distancia psicológica que nos ayude también a ver el cuadro completo. El profesor Marlone Henderson, de la Universidad de Texas, en Austin, estudia los efectos de la distancia espacial en los resultados de las negociaciones. En uno de sus experimentos, los participantes negociaban la venta de una moto personalizada.[3] El vehículo podía variar en cuanto a características y elementos de importancia para el comprador y el vendedor, como la financiación, los impuestos, la garantía y la fecha de entrega. Cuando las características tienen distintos grados de importancia para las dos partes, hay más posibilidades de lograr soluciones satisfactorias para ambas. Estas se denominan «soluciones integradoras» en el estudio de las negociaciones. En una transacción inmobiliaria, por ejemplo, puede que al vendedor le preocupen más los plazos y al comprador el precio. Con una negociación efectiva, el vendedor consigue que se cierre pronto la operación; y el comprador, un precio más bajo. Los dos ganan.

Henderson empleó una manipulación simple en su estudio a fin de medir los efectos. Simularon la negociación mediante intercambios de mensajes de texto. Henderson hizo creer a algunos de los participantes que se encontraban a miles de metros de distancia de la otra parte, mientras que a otros se les dijo que estaban a solo unos metros. Dado que se trataba de una negociación por escrito y los negociadores nunca llegaban a reunirse físicamente, ¿importaba que estuvieran cerca o lejos? Los participantes no notaban la diferencia.

¿El resultado? Entre quienes creían que estaban alejados de la otra parte se tomaron más soluciones integradoras que entre quienes pensaban que se encontraban cerca. Parece de locos, ¿no? Con una distancia imaginada, los negociadores se centraron más en principios abstractos, en lugar de en detalles específicos, lo que condujo a mejores resultados.

Cuando ves algo desde lejos, te parece más pequeño. Los detalles se ven borrosos, pero puedes reconocer la forma general de todas maneras. Al llegar a París en avión, ves la torre Eiffel a lo lejos. No puedes distinguir cada viga de acero y mucho menos los remaches que las sujetan, pero esa figura que se alza sobre el paisaje de la ciudad es inconfundible. Este desdibujamiento de los detalles concretos y específicos al tiempo que se retiene la forma general eleva el pensamiento sobre el objeto observado a un nivel más alto de abstracción. En el caso de la torre Eiffel, te permite apreciar la icónica elegancia de esta edificación de 300 metros de altura construida en 1889.

Este nivel más alto de representación mental es otra razón por la que funciona irse al palco. Cuando quitamos el zoom, nos alejamos de la autoinmersión inmediata de la negociación y nos centramos en nuestros intereses, en lugar de aferrarnos a una posición específica. Como el distanciamiento requiere que hagamos una pausa y nos salgamos de la negociación, al menos mentalmente, podemos practicar el distanciamiento espacial antes de empezarla, buscar pausas naturales o crear nuestra propia pausa durante la acción.

Resulta interesante que fueran los ingenieros de Morton Thiokol, alejados físicamente de la NASA, quienes argumentaran en contra de lanzar el Challenger en enero de 1986. Por desgracia, los informes que enviaron para tratar de convencer a los administradores de la NASA se perdían en los detalles y no convencieron a la agencia espacial. La NASA prosiguió con el plan de lanzamiento y el Challenger explotó a los setenta y tres segundos del despegue, causando la muerte de los siete astronautas que iban a bordo.[4]

En las escuelas de negocios, este accidente ha pasado a ser un clásico en los estudios sobre la toma de decisiones. Vamos a recordar el contexto: Ronald Reagan era presidente y Estados Unidos y la Unión Soviética se encontraban en plena Guerra Fría. En 1985, Mijaíl Gorbachov se había convertido en secretario general del Partido Comunista. Se suponía que el año 1986 iba a ser muy bueno para la NASA, con un total de doce lanzamientos —uno al mes—, pero se estaba llegando al final de enero y el de ese mes ya se había retrasado debido a las bajas temperaturas y su efecto en las juntas tóricas.

Los ingenieros de Morton Thiokol, que se encontraban lejos de la plataforma de lanzamiento, tenían la sensación de que el despegue no era buena idea. Su perspectiva distanciada les permitía verlo, pero necesitaban convencer a los encargados de tomar la decisión en la NASA, que eran reacios a cancelarlo sin pruebas detalladas de los riesgos. Aquello era prácticamente imposible porque estas no se veían claramente en los detalles, sino en el panorama general de la situación.

Al igual que a los participantes en el estudio de Fukukura les habría sido difícil explicar qué motivó sus decisiones, a los ingenieros tampoco les era fácil defender su postura. No resultaba convincente limitarse a decir «tenemos una mala sensación». Cabe destacar que no se trataba de observadores remotos y desinformados, sino que eran expertos implicados íntimamente en el diseño y manufactura de los cohetes aceleradores sólidos y las juntas tóricas del transbordador.

Como todos sabemos, se produjo un accidente en el momento del despegue. La investigación de la comisión Rogers del Gobierno de Estados Unidos informó sucintamente: «Tanto los ingenieros de la NASA como los de Morton Thiokol reconocieron el problema del sellado de las juntas con tiempo suficiente como para haber podido corregirlo rediseñando y fabricando nuevas juntas antes de que se produjera el accidente el 28 de enero de 1986».[5]

Es tentador pensar que los detalles que conocemos son más importantes que las observaciones sobre el cuadro completo que puede ofrecer alguien con una visión distanciada. Pero se trata de una trampa cognitiva. Es poco sensato descartar una información o un consejo simplemente porque lo diga alguien desde fuera.

ESTRATEGIA 2: Decide desde lejos. Cuando tengas que tomar una decisión compleja, con muchos elementos dinámicos, haz una pausa e imagina que adoptas esa decisión desde lejos. ¿Qué aspecto tiene ese lugar? Viaja mentalmente allí y toma una instantánea de la situación. Podría resultar incómoda, pero no la descartes. Forma parte del procesamiento que realiza la mente para captar lo esencial.

Esta herramienta puede resultar especialmente útil cuando participas en una negociación en persona. Sirve si te intentan vender un coche o una casa, pero también si alguien te presiona en el trabajo para hacer una llamada sin suficiente información o si un amigo trata de convencerte sobre algún plan inminente. Date un respiro y crea una distancia espacial mental o física para evitar esta trampa cognitiva.

Sobre todo, la razón por la que funciona estar en otro lugar es porque se crea una distancia psicológica. Alejarnos de aquello que estemos abordando nos ayudará a representar mentalmente los hechos con un mayor grado de abstracción, lo que pondrá en marcha un procesamiento de arriba abajo y nos permitirá ver el cuadro completo. Cuando nos reubicamos mentalmente, captamos lo esencial y, gracias a este replanteamiento, adoptamos una mejor perspectiva para tomar decisiones trascendentes.

¿Hacemos girar el mundo o nos reubicamos nosotros?

Imagina un simple comedor. En el medio se encuentra una mesa cuadrada con dos velas y poco más. Desde donde estás, ves las velas juntas, una a la izquierda y otra a la derecha. Ahora imagina que están puestas en fila, una detrás de la otra.

Al hacerlo, es probable que no hayas cambiado tu punto de vista de la habitación: seguramente habrás recolocado las velas o girado la mesa sobre la que se encuentran. En cualquiera de estos casos, el acto de mantener tu posición y mover las velas o la mesa se conoce con el nombre de «rotación de objetos». Este marco de referencia en el que nos vemos a nosotros mismos como fijos, mientras los objetos son los que se mueven, es egocéntrico o autocéntrico.

Ahora prueba a hacer el ejercicio de otra manera. Imagina que las velas y la mesa se quedan quietas y eres tú quien se mueve a otra parte de la habitación para verlas desde un nuevo ángulo: una detrás de la otra. Desde el punto de vista cognitivo, este acto es más exigente. Se tarda un poco más en pensar de esta manera. El hecho de ver las velas fijas y que seamos nosotros quienes nos movemos es un ejemplo de «rotación del observador». Se trata de un marco de referencia «alocéntrico» («alo-» viene del griego *állos* y significa 'otro'), en el que nos centramos en los demás en lugar de en nosotros mismos.

En el primer caso, te mantienes a ti como marco de referencia por defecto y manipulas el mundo en torno a tu persona. En el segundo, mantienes el mundo tal como es y manipulas tu posición. Aunque esta segunda manera requiera más esfuerzo, el hecho de que seas tú quien se mueve mentalmente ofrece un marco más efectivo para replantear la situación.

Cuando hacemos que las neuronas trabajen, como requieren más oxígeno, las regiones del cerebro activadas reciben un mayor flujo de sangre. Este oxígeno adicional se puede medir externamente por resonancia magnética. Cuando Simon Lambrey y sus colegas del

University College London realizaron esta prueba a personas que ejecutaban estos dos tipos distintos de manipulación visual —rotar los objetos (egocéntrica) o reubicarse (alocéntrica)—, comprobaron que se iluminan distintas partes del cerebro, con lo que se confirmó que estos dos procesos son distintos y que la reubicación del observador tiene más enjundia.[6]

Cuando nos reubicamos, cambia nuestra visión del entorno. En el ejemplo del comedor, observamos el cambio del mobiliario o las ventanas de la habitación en relación con nuestro desplazamiento, algo que no veríamos si nos limitásemos a cambiar de lugar las velas de la mesa. Al imaginarnos en el palco, activamos el punto de vista del consejero, de modo que nos vemos en el contexto de nuestro entorno, nuestras relaciones y las demás personas. Te aconsejamos que te conviertas en consejero y te asesores a ti mismo porque se trata de un proceso mental más efectivo. Si fuésemos simplemente a preguntarle al consejero qué deberíamos hacer, en gran medida, el proceso sería egocéntrico. Como no habrías cambiado de perspectiva, cualquier respuesta seguiría emanando de la tuya. Por eso es importante que te reubiques —que subas al palco— para adoptar el punto de vista del consejero y ver el cuadro completo sin que el ego te entorpezca. Este replanteamiento permite que dejes de estar centrado en ti mismo y que hagas una lectura más clara de aquello a lo que te enfrentas.

ESTRATEGIA 3: **No muevas el objeto, muévete tú.** Para sacar el mayor partido posible al distanciamiento psicológico, en lugar de reubicar el objeto, la cuestión o la situación, reubícate tú. Digamos que participas en una negociación o tienes que tomar una decisión, por ejemplo, sobre lanzar un proyecto o continuar haciendo pruebas y seguir desarrollándolo. Reubícate mentalmente y vete al palco. O quizá dirijas un equipo de revisión o análisis de un hecho reciente. Actúa como si estuvieras lejos. «A ver, imaginemos que somos un nuevo equipo que está en Yakarta. ¿Qué querríamos saber sobre esta experiencia reciente?». En este ejemplo, estarías aplicando no solo el replanteamiento de ser otra persona, sino también el de estar en otro lugar.

Recuerda que la razón de ser de este ejercicio de reubicación espacial es que te beneficias más de cambiar tu ubicación mental que de permanecer fijo y pensar en las cosas como si estuvieran lejos de ti. Te costará más esfuerzo mental, pero resultará más efectivo.

No solo más lejos, sino también más alto

Ten en cuenta que muchos de estos puntos de observación que estamos sugiriendo implican no solo reubicarte más lejos, sino también en un lugar más alto. Es probable que la reubicación se dé de manera tan natural que no te des cuenta de que estás elevándote a la vez que te alejas. Aunque los entrenadores, por ejemplo, estén a la misma altura que el campo de juego, en un lateral, te sugerimos que tú te imagines en la posición del consejero mirándote desde arriba como si estuvieras en el palco de prensa. Puedes elevarte aún más. Piensa en la fotografía de la Tierra vista desde la Luna, tomada a bordo del Apolo. Obsérvate como si te vieras a través del telescopio Hubble. Eres el consejero, pero quizá puedas adoptar la forma de un astronauta o un marciano que te mire desde arriba y te vea formando parte de algo mucho mayor.

Pasamos aquí al concepto de levitación mental. Imagínate que estás yendo en coche al trabajo. El vehículo que tienes delante va insoportablemente despacio y no puedes adelantar. Empiezas a sentir cada vez más frustración. Para ir más rápido, quizá incluso te gustaría echar de la carretera a ese coche tan lento. Ahora aleja el zoom y empieza a elevarte. Ves el coche que conduces, y lo lleva alguien enfadado e impaciente, obsesionado por llegar a la oficina treinta segundos antes. En el de delante, los miembros de una familia van hablando emocionados porque los niños asisten hoy por primera vez a un colegio nuevo. Puedes ver tras ellos al conductor frustrado (tú), con la cara roja y los ojos saliéndosele de las órbitas. Resulta un poco necio. Ahora elévate aún más. Los dos coches formáis parte de una larga fila que se extiende más allá del edificio de tu oficina. Tu coche forma parte del tráfico, eso es todo. Una campaña de transporte en Alemania llevó este mensaje a las calles, para lo que distribuyó carteles que decían: NO ESTÁS ATRAPADO EN MEDIO DEL TRÁFICO, TÚ ERES EL TRÁFICO.[7]

La levitación mental nos permite ver el cuadro completo, nos empuja a pensar de manera más abstracta. En un estudio sobre las opciones de búsqueda de trabajo, se pidió a los participantes que se imaginaran en una feria profesional en el piso superior de un edificio alto, o en esa misma feria pero en un piso más bajo. Luego se les pidió que escogieran entre dos puestos ejecutivos, uno más centrado en la aplicación detallada de medidas, y otro en una planificación de negocio más general. Quienes se imaginaban tomando la decisión en una ubicación más elevada eran más propensos a elegir el puesto de planificación más general. La ubicación más alta generaba un nivel más alto de representación mental.[8]

Cuanto más nos alejamos de algo, más pequeño lo vemos. Tal y como escribe Patrick House en *Nineteen Ways of Looking at Consciousness*, sabemos que el objeto lejano no es realmente más pequeño. El gato que veo en el patio es del mismo tamaño que el que puedo tener a mi lado, pero el cerebro me lo presenta más pequeño, en parte porque, al estar lejos, tiene menos relevancia para mí o menos probabilidades de hacerme daño. De modo similar, cuando nos imaginamos más lejos y más elevados, la imagen visual de nuestro entorno más inmediato —esas cuestiones prácticas que interfieren en nuestras decisiones— parece también más pequeña. Los detalles resultan menos importantes, las amenazas inmediatas se vuelven más remotas, y nos quedamos con lo que realmente nos tiene que importar.

ESTRATEGIA 4: ¡Levita! Cuando necesites decidir sobre algo, cambia de perspectiva e imagina un nuevo punto de observación no solo más lejano, sino también más elevado: un globo aerostático, la cima de una montaña, el espacio exterior. Mira desde allí arriba y obsérvate en el contexto de la situación. ¿Formas parte del tráfico? ¿Qué ves ahora que no veías antes?

CÓMO VER EL CUADRO COMPLETO

1. **Aleja el zoom.** Cuando alejas el zoom, te centras en la situación en su conjunto, no solo en tu propia imagen. Simplemente formas parte del paisaje.

2. **Decide desde lejos.** Cuando afrontes un problema complejo, viaja mentalmente a un lugar que esté lejos de donde te encuentres, y ponte allí a pensar qué podrías hacer.

3. **No muevas el objeto, muévete tú.** Distánciate y aléjate mentalmente de la situación en lugar de alejar esta de ti. Cuesta más cognitivamente, pero tiene un mayor efecto.

4. **¡Levita!** Cuando te reubiques, imagina que te estás desplazando a un lugar de observación más lejano y también más elevado.

RESUMEN

Distanciarnos espacialmente es una manera muy efectiva de cambiar la forma de ver un problema y de impulsar un pensamiento de un nivel más alto de representación. Como el sistema visual está conectado a la cognición y la emoción, podemos usar imágenes mentales para alejarnos de un hecho y contemplarlo desde una perspectiva alejada y neutral. Estar en otro lugar fomenta un pensamiento más general que permite ver el cuadro completo. Nos reubicamos alejando el zoom para ver el contexto con mayor claridad y equilibrio, lo que nos permitirá tomar mejores decisiones.

CUARTA PARTE

Estar en otro momento

7

Ser tu yo del futuro

Sabía que a los ochenta años no me arrepentiría de haber intentado esto.

JEFF BEZOS,
sobre la fundación de Amazon

En 1994, Jeff Bezos tenía un trabajo lucrativo en una empresa de Wall Street y un jefe muy brillante que lo apoyaba. Su carrera prometía. Entonces leyó sobre un nuevo invento llamado «internet». En esa época estaba creciendo a un ritmo del 2.300 % al año. Bezos se dio cuenta de que internet iba a ser algo muy grande, y quiso fundar una empresa para vender productos online que aprovechara el crecimiento de esta nueva tecnología. Sin embargo, semejante empresa supondría un riesgo y él ya tenía una vida bastante buena. ¿Qué debía hacer?

Bezos cuenta: «Se me ocurrió una idea, que al principio era muy simple: vender libros online. Me fui a hablar con mi jefe, que me caía bastante bien (se llamaba David), y le dije que tenía en mente fundar una empresa para vender libros en internet».[1] David estaba dispuesto a escuchar cuál era el plan de Bezos y lo invitó a explicarle los detalles durante un largo paseo por Central Park. Le pareció buena idea, aunque encontró un pero: «Sería una idea mejor para alguien que no tuviera ya un buen trabajo». Quizá David estaba intentando conservar a un buen empleado, o quizá estaba solo siguiéndole la corriente a Bezos. Fuera como fuese, sus palabras lo hicieron pensar.

«Me pareció que sus palabras tenían bastante sentido —cuenta Bezos—. Y David dijo: "¿Por qué no te lo piensas un par de días antes de tomar una decisión definitiva?". Así que me marché de la ciudad y lo estuve pensando. Puede ser muy complicado tomar en caliente ese tipo de decisiones vitales, y yo trataba de averiguar cómo podía decidirme. Al final se me ocurrió que el modo correcto de plantear el asunto era que no quería arrepentirme más adelante de no haberlo intentado».

Bezos se imaginó con ochenta años examinando su vida, reflexionando sobre las decisiones que había tomado en el camino. Desde el puesto de observación de ese futuro, se imaginó pensando si se arrepentiría de haber dejado la empresa y de perder su bonus anual y otras consideraciones, las del aquí y ahora. «Y pensé: "Mira, cuando tenga ochenta años no va a ser eso lo que me venga a la mente. Ni siquiera me voy a acordar, pero lo que sí sé seguro es que no me arrepentiré de haberlo intentado, incluso aunque fracase". Y, en cuanto lo vi de esta manera, supe que tenía que probar».

Tal y como lo describe, Bezos quería salir mentalmente del yo aquí y ahora e imaginarse con ochenta años. Contempló la decisión poniéndose en la piel de su yo del futuro y vio claramente el camino que quería tomar. Hoy es una de las personas más ricas del mundo, fundador y presidente ejecutivo de una empresa que factura al día más de 1.580 millones de dólares, o 18,3 millones por segundo.[2]

¿Por qué le funcionó esa táctica? Porque pensamos en nuestro yo del futuro como si fuera una persona distinta. Es decir, cuando te imaginas como tu yo del futuro, inmediatamente te conviertes en otra persona. Además, ese yo del futuro no solo es un yo distinto a ti, sino que también tiene un punto de vista muy valioso, una perspectiva que está más cercana al yo ideal. Dicho con otras palabras, tu yo del futuro es una mejor versión de ti.

En el caso de Bezos, esa perspectiva le permitió captar lo que era realmente importante (vivir sin arrepentimiento), mientras que los detalles que parecían tan cruciales en el presente (un trabajo bien pagado, un buen jefe y un bonus a final de año) se desvanecieron.

Esa versión más ideal de ti, a la que puedes acceder convirtiéndote en tu yo del futuro, funciona de tres maneras. En primer lugar, avanzas a un punto más cercano al final de tu vida. Esa visión «desde la mecedora» te aporta una perspectiva que no podrías tener de otra manera: el yo del final de tu vida se centra en lo que es más importante para ti en el marco general de las cosas. Además del cambio de perspectiva radical hacia lo que importa de verdad, este punto de vista nos coloca en el final del camino al que nos llevaría la decisión que queremos tomar.

Este nuevo enfoque hace que abandonemos nuestra aversión natural al riesgo y el miedo a la pérdida, y que en su lugar temamos arrepentirnos de no aprovechar las oportunidades que se nos presentan. Cuando no tenemos claro si continuar como hasta ahora o hacer algo nuevo (mantener el mismo trabajo o buscar otro; vivir en un lugar o mudarnos), el cerebro sabe que lo menos arriesgado es seguir el mismo curso que llevamos. Al fin y al cabo, hacer lo que siempre hemos hecho no nos ha matado aún. Por eso se desarrolla un sesgo contrario a la acción que nos empuja a mantener el *statu quo*. Sin embargo, cuando nos situamos al final del camino al que nos puede llevar la decisión y miramos atrás, ocurre lo contrario. Pensamos en la opción activa como una oportunidad que podríamos desaprovechar.

En segundo lugar, cuando te autodistancias para convertirte en tu yo del futuro, tus ideales (lo que realmente deseas y valoras en la vida) cobran relevancia respecto de las cuestiones prácticas y la logística del día a día, por lo que se modifica lo que pones en la balanza y la importancia de cada factor a la hora de valorar las distintas opciones.

Al cambiar el punto de referencia temporal, te vacunas contra el efecto del sesgo de presente al que normalmente te ves sujeto. La distancia temporal reduce la importancia e incluso la visibilidad de las limitaciones prácticas. No las sientes. Cuando esas limitaciones se desvanecen, te quedas únicamente con tu yo ideal, que es casi como un humano mejor, y que te permite centrarte en aquello que más te importa y que no tiene que ver con los problemas urgentes, los compromisos, las concesiones y las justificaciones del momento presente.

Por el contrario, cuando piensas desde la perspectiva centrada en ti mismo, tus decisiones cotidianas se ven limitadas por las circunstancias prácticas de tu vida. Por ejemplo, quizá creas que donar sangre es una acción que merece la pena, y podrías considerarte «el tipo de persona que donaría sangre». El problema es que nos influyen las limitaciones del día a día y no encontramos tiempo para hacerlo, de modo que acabamos incumpliendo lo que creemos que estaría bien en una situación ideal.

En tercer lugar, convertirnos en nuestro yo del futuro aumenta el autocontrol. O quizá una forma mejor de expresarlo es decir que elimina la necesidad de esforzarse para ejercerlo. Fracasamos en el autocontrol cuando tomamos una decisión que difiere de lo que habíamos decidido que queríamos; por ejemplo, cuando perdemos los estribos o tomamos impulsivamente una decisión que es mala para la salud. Actuamos así porque no sentimos empatía con nuestro yo del futuro, al que consideramos una persona diferente. Por el contrario, convertirnos en nuestro yo del futuro nos ayuda a poner en consonancia nuestras decisiones y conductas con lo que es importante para nosotros, y a crear así un todo más cohesionado y coherente.

El tipo nocturno siempre fastidia al diurno

Hay una pieza cómica clásica de Jerry Seinfeld, inmortalizada en los títulos de crédito iniciales de su exitosa sitcom *Seinfeld*, que describe muy bien la manera en que el yo del aquí y ahora ve a nuestro yo del futuro como a otra persona distinta.

> Nunca duermo bastante. Me quedo despierto hasta tarde porque soy un tipo nocturno. ¡El noctámbulo quiere acostarse tarde! ¿Y levantarme después de haber dormido solo cinco horas? Ah, eso es problema del tipo diurno. No mío. Yo soy el tipo nocturno. Y me quedo despierto hasta la hora que quiero.
>
> ¿Ves? El tipo nocturno siempre fastidia al diurno.

La genialidad de la pieza de Seinfeld y la razón por la que todos nos identificamos con ella es que capta nuestra tendencia natural a ver a nuestro yo del futuro como si fuera otra persona. No somos nosotros. Ya se ocupará él o ella de este asunto cuando le toque.

Emily Pronin, la psicóloga de la que ya hemos hablado y que estudia la asimetría entre cómo nos vemos a nosotros mismos y cómo vemos a los demás, averiguó que es cuatro veces más probable que la gente hable en tercera persona, en lugar de en primera, de una comida de la que disfrute su yo de dentro de varias décadas.[3] Claro que sabemos que somos «nosotros» quienes consumiremos esa comida, pero no es así como hablamos ni como nos funcionan las neuronas.

Hal Hershfield, científico conductista y profesor de la Anderson School of Management (UCLA), ha averiguado en su investigación que el uso del lenguaje en tercera persona se refleja también en los patrones de la actividad cerebral. Como explica en su libro *Tu yo del futuro*, las imágenes de resonancia magnética obtenidas mientras las personas piensan en su futuro coinciden con las de quienes piensan en extraños, en lugar de en sí mismos.[4]

Sin arrepentimiento

Bronnie Ware trabajaba de enfermera de cuidados paliativos en Australia, aunque no era un empleo que hubiera buscado específicamente. Por regla general, los enfermos terminales a los que cuidaba estaban en las últimas semanas de su vida (entre tres y doce) y habían elegido morir en casa. Era un trabajo exigente desde el punto de vista emocional, pero ella descubrió que se le daba bien, sobre todo por su capacidad de escuchar a los pacientes. Al hacerlo, notó que se repetía cierto patrón cuando, al final de su existencia, los enfermos hablaban de las cosas de las que se arrepentían. Ware contó sus hallazgos en un libro que invita a la reflexión, *Los cinco mandamientos para tener una vida plena.*[5]

El arrepentimiento número uno era «Ojalá hubiera tenido el valor de vivir fiel a mí mismo, en lugar de a lo que los demás esperaban de mí». Es un arrepentimiento por omisión, por los caminos que no se tomaron. Ware explica: «Cuando la gente se da cuenta de que su vida casi ha terminado y la repasa con claridad, le resulta fácil ver cuántos de sus sueños se han quedado sin cumplir. La mayoría de los pacientes no habían hecho realidad ni la mitad de lo que alguna vez habían soñado y murieron sabiendo que eso se debía a las decisiones que tomaron o no tomaron. La salud brinda una libertad de la que muy pocos son conscientes hasta que enferman». Ware espera que aprendamos de estas historias de arrepentimiento, actuemos con más valor y tengamos una vida más plena. Es muy loable. Sin embargo, hay un problema: exhortar a que actuemos con más coraje no tiene probabilidades de funcionar porque no cambia el modo en que pensamos sobre las cosas. Es como gritarle a alguien «¡Hazlo mejor!», y esperar resultados.

Si queremos actuar con valentía, salir de la inercia, despojarnos del sesgo de aversión al riesgo y asumir la acción, hemos de darle al botón de avance rápido de la vida para llegar al final del camino que se inicia cuando tomamos una decisión, y entonces mirar atrás. Al hacerlo, la mente reformulará la decisión que tomaste, destacará el arrepentimiento y hará que te preguntes «¿Por qué no hice tal o cual cosa?» u «Ojalá hubiera hecho esto o lo otro». Esta reformulación a la luz del arrepentimiento hace más evidente el coste de la inacción.

Imaginarnos en el futuro también nos acerca a nuestra propia muerte. Por mucho que no queramos aceptarlo, envejeceremos y tendremos menos movilidad y energía. La cercanía del fin pone las cosas en perspectiva y espolea la voluntad de actuar. Veamos el caso de Adam Williams, que jugó al fútbol americano en la Rice University de 1996 a 2000. Después de la universidad abandonó este deporte, pero siguió en forma y llegó a ganar cuatro medallas en culturismo natural. Tras un lapso de dieciocho años, a los cuarenta, Williams volvió al fútbol americano, e ingresó en el equipo europeo de los Amsterdam Crusaders. Durante dos años vivió su sueño. Este deportista es una inspiración para mucha gente y hoy trabaja como entrenador personal. A sus clientes y seguidores en redes sociales les plantea la siguiente pregunta: «Cuando tengas ochenta años y estés sentado en tu mecedora, ¿podrás decir que lo diste todo?».

En el relato *Canción de Navidad* de Charles Dickens, publicado en 1843, el fantasma de las Navidades futuras arrastra al tacaño de Ebenezer Scrooge por el tiempo y lo lleva incluso hasta después de su muerte.[6] En este futuro lejano, Scrooge ve una triste lápida dejada de la mano de Dios y, por lo que parece, olvidada. Mientras el fantasma lo lleva por todo Londres, Scrooge oye que la gente se alegra de su fallecimiento y hace bromas sobre su desgracia. Una visión impactante de su destino. Lo peor llega cuando descubre que el pequeño Tim, el hijo de su empleado Bob Cratchit, ha muerto porque su familia no podía permitirse pagar las facturas médicas para tratar su enfermedad. Esta visión de su yo del futuro no coincide con la persona que él quiere ser. El sueño provoca el efecto deseado. Cuando Scrooge se despierta (¿ha sido solo su imaginación o aquellos espectros eran reales?), cambia de actitud y se va inmediatamente a ayudar a la familia Cratchit. Al viajar en el tiempo hacia su futuro, se da cuenta de que tiene que cambiar su presente para evitar arrepentirse más tarde.

ESTRATEGIA 1: Dale al botón de avance para ver el final. Cuando piensas sobre decisiones vitales estratégicas, como fundar empresas, cambiar de trabajo o de casa, o jubilarte, en las que has de elegir entre el *statu quo* o la acción, imagina que estás mirando hacia atrás desde el futuro lejano y que ya has tomado la decisión. ¿Qué desearías haber hecho? ¿De qué te arrepentirías? Ahí tienes la respuesta.

La música y escritora Elle Cordova, que se autodenomina «friki», ofrece en redes sociales comentarios ingeniosos sobre temas relacionados con la tecnología, la vida y la cultura. Uno de sus vídeos más vistos es una conversación en clave de comedia entre distintas fuentes tipográficas, desde la clásica Times New Roman (que sigue siendo nuestra favorita) hasta la vanguardista Futura, pasando por la informal Comic Sans. Cordova las interpreta a todas.

En noviembre de 2023, esta autora publicó en Instagram un vídeo en el que nos invita a viajar en el tiempo. Nos lleva hasta un futuro desde el que vemos a nuestro yo actual más claramente y podemos valorarlo en mayor medida. Nos conduce por ese viaje de manera gradual, primero imaginando el amanecer del día siguiente, y luego los posteriores, cada vez más deprisa. Los años pasan, así como las vacaciones, distintos acontecimientos y muertes de amigos y familiares. Envejecemos cada vez más hasta llegar a la última parada: nuestro último día en la tierra. En cama, conectados a máquinas, no estamos seguros de si llegaremos a ver el día siguiente. Pero podemos acceder a nuestra memoria y elegir un día para revivirlo. Escogemos el día de hoy. Qué lujo es poder hacerlo con el cuerpo actual pero la conciencia de nuestro yo del futuro. Justo así podemos convertirnos en este para ganar perspectiva sobre nuestra situación actual.

El yo pragmático del corto plazo

Por regla general, la gente no ahorra suficiente dinero hoy porque sobrevalora las decisiones financieras que están cercanas en el tiempo y minusvaloran las que están más alejadas. Por ejemplo, un estudio de 2021 de Saurabh Bhargava y Lynn Conell-Price puso a prueba diferentes maneras de aumentar la participación de la gente en los planes de pensiones de las empresas.[7] Una tarjeta de regalo de 10 dólares, disponible de inmediato, demostró ser un incentivo más eficaz que las contrapartidas de los planes, mucho mayores pero lejanas en el tiempo.

David fue testigo de este sesgo de descuento temporal en la Marina tras el fin de la Guerra Fría. Había más personal del necesario y se inició un proceso de reducción de la plantilla. A la gente que llevaba cerca de veinte años de servicio y le faltaba muy poco para acceder a los beneficios de la jubilación (sanidad de por vida, más una pensión pagada por el Estado y ajustada a la inflación) se les ofreció un pago único y global por marcharse anticipadamente a cambio de renunciar a esos beneficios. Fueron muchos los que se privaron de la jubilación, más lucrativa, incluso teniendo en cuenta el valor del dinero en el tiempo (lo que supuso un ahorro para los contribuyentes). El plan de jubilación de los militares ha cambiado desde entonces; hoy la opción estandarizada es ofrecer un pago único parcial a cambio de renunciar a parte de los beneficios de la jubilación. Sospechamos que muchos veteranos cogen este dinero con la intención de invertirlo y generar más del que recibirían con la pensión, pero es probable que no hayan evaluado a conciencia el valor que tiene la protección contra la inflación y el respaldo del Estado.

El resultado final es peor. Las empresas que quieren reducir plantilla hacen a los empleados ofertas similares, tentando a la gente para que acepten pagos únicos anticipados en el presente, en lugar de esperar a los beneficios a más largo plazo.

Si eres nacional de Estados Unidos, habrás tenido que decidir (o lo harás en el futuro) cuándo empezarás a cobrar los beneficios de la Seguridad Social. En el sistema estadounidense, puedes elegir el acceso anticipado a ellos a partir de los sesenta y dos años, y es obligatorio a partir de los setenta. El sistema compensa a quienes lo retrasan: el pago que reciben si esperan hasta los setenta es aproximadamente un 75 % superior al que les correspondería si lo hubieran solicitado con sesenta y dos. Para la mayoría de la gente, el aumento de beneficio es considerablemente mayor, incluso teniendo en cuenta que, a mayor edad, el número total de pagas será menor.

Un artículo del *New York Times* desveló que, aunque el 90 % de la gente se beneficiaría de esperar a los setenta años, solo lo hace el 10 %.[8] La media de dinero que se pierde es de 182.370 dólares. ¿Quiénes son los que piden antes los beneficios? Las personas que tienen un alto grado de aversión a la pérdida.

La buena noticia es que, con intervenciones similares a la de convertirse en el yo del futuro, se alienta a que la gente retrase la solicitud de estos pagos, al poner el foco tanto en los beneficios potenciales de la espera como en el miedo al arrepentimiento por solicitarlos demasiado pronto. Es más difícil sabotear a nuestro yo del futuro cuando nos distanciamos de manera temporal y nos convertimos en esa persona antes de tomar una decisión.

Ver a tu yo del mañana como una persona distinta a ti también hace que estés más dispuesto a comprometerte en el futuro respecto de cosas a las que no accederías hoy o mañana mismo. «Oye, ¿puedes participar en el comité de control que empieza a actuar esta semana?». «Lo siento, estoy hasta arriba». «¿Y el próximo semestre?». «Vale».

Como le ocurre al «tipo de la noche», no nos importa causar molestias y adversidades a nuestro yo del futuro. Cuando, en un estudio, se preguntó a los participantes si estarían dispuestos a beber un líquido de mal sabor para un experimento científico y si preferían empezar primero con ese o con otro que tenía buen sabor, la gente dejaba el de peor sabor para más adelante. Cuanto más centrados estemos en nosotros mismos, menos nos identificaremos con nuestro yo del futuro, menos ahorraremos, más bajas serán nuestras calificaciones académicas y menos elecciones saludables haremos. En general, tomaremos peores decisiones. Necesitamos distanciarnos del yo del aquí y ahora para ser fieles a nuestro yo ideal. Pero el quid no está en obligarte a hacer tareas que no quieres. El cambio de perspectiva te permite ver claramente la que sí quieres hacer, y priorizarla respecto de otras menos importantes y que te distraen, aunque te parezcan más urgentes. El yo del aquí y ahora es pragmático, mientras que el yo del futuro es un yo ideal. Al yo pragmático le importan las cuestiones prácticas inmediatas y la viabilidad. («Si me quedo despierto hasta la una de la madrugada, aún dormiré cinco horas y aguantaré mañana»). Al yo ideal lo motivan valores, recompensas y lo que es deseable.

Cuando contemplamos una conducta futura, resultan menos visibles sus aspectos prácticos concretos y también se reduce la percepción del modo en que afectan esos aspectos a la conducta. Por tanto, somos más propensos a descartar las limitaciones prácticas en las conductas futuras y a pensar que tanto nosotros como otras personas actuaremos en función de nuestros valores, lo que representa a una persona más moral e ideal. Esta es la razón por la que experimentamos mayor indignación moral (y mayor disposición a ayudar a otros) en cuanto a los comportamientos futuros que respecto a los presentes.[9] Nuestro yo del futuro no tiene excusas para «no hacer lo correcto».

Ojalá lo hubiera hecho antes

La procrastinación (tanto si se trata de quedarse despierto hasta tarde como de posponer un proyecto importante) es un ejemplo clásico del yo del aquí y ahora que sabotea al yo del futuro. En el fondo es un fallo de autocontrol. La investigación del economista conductual Dan Ariely, autor de *Las trampas del deseo*, concluyó que los plazos establecidos externamente motivaban mejor a los estudiantes y daban mejores resultados que los autoimpuestos, a menos que estos últimos reflejasen el espaciamiento uniforme de los plazos establecidos externamente (cosa que ocurre cuando adquirimos la perspectiva imparcial de nuestro yo del futuro, que nos ayuda a superar los fallos de autocontrol).[10] La procrastinación se evidencia como lo que es: una falta de empatía con nosotros mismos; un ladrón al que has invitado a que te robe el tiempo, la energía y el éxito de tu yo del futuro. En lugar de darle alas, lo que necesitas es identificarte y empatizar con tu yo del futuro.

En un estudio realizado por Yuta Chishima y Anne Wilson (2021), de la Wilfrid Laurier University de Canadá, y publicado en la revista *Self and Identity*, unos estudiantes de instituto escribieron a su yo del futuro y luego le dieron la vuelta a la perspectiva e hicieron que este les escribiese a ellos. Como consecuencia, acabaron sintiéndose más cercanos a ese yo del futuro, cercanía que se manifiesta en que tomamos mejores decisiones a largo plazo.[11]

ESTRATEGIA 2: Establece una comunicación por carta con tu yo del futuro. Escribe una carta a tu yo del futuro donde describas el problema que afrontas o la decisión que necesitas tomar. Incluye los detalles de lo que tienes que valorar y cómo os afectará la decisión a ti y a tu organización, así como tus pensamientos actuales al respecto. Luego contéstate como si fueras tu yo del futuro.

Para poner a prueba la idea de que la conexión con nuestro yo del futuro nos ayuda a tomar mejores decisiones a largo plazo, Hal Hershfield presentó siete pares de círculos a cada participante de un estudio. En cada par, uno de los círculos representaba el yo actual; y el segundo, el del futuro (de dentro de diez años).[12] Había un par de círculos totalmente superpuestos y otro en el que los círculos no se superponían en absoluto. El resto presentaba distintos grados de superposición. Hershfield pidió a los participantes que seleccionaran el par que mostrase mejor el grado de superposición entre su yo actual y su yo del futuro. Quienes eligieron los círculos más superpuestos poseían un 35 % más de recursos financieros que quienes seleccionaron los menos superpuestos. En su libro *Tu yo del futuro*, Hershfield aporta más pruebas de los beneficios de visualizarse en el futuro, tales como la toma de decisiones más éticas, una mayor satisfacción vital y la elección de opciones más saludables.

Lo genial es que podemos fomentar fácilmente la conexión con nuestro yo del futuro. En su laboratorio de realidad virtual, Hershfield puso a unos estudiantes ante un espejo en el que les devolvía la mirada un avatar digital que reflejaba cada uno de sus movimientos y expresiones.[13] Si levantaban la mano para saludar, sonreían o fruncían el ceño, el avatar de realidad virtual hacía lo mismo. La mitad de los participantes veía a un avatar de la misma edad; y la otra mitad, una versión de sí mismos de setenta años. Tras interactuar con el espejo durante un minuto como mínimo, se les hizo a los estudiantes una serie de preguntas, como «¿De dónde eres?», para ayudarles a identificarse mejor con los avatares.

Después, los estudiantes se quitaban los cascos de realidad virtual y realizaban una tarea en la que dedicaban una ganancia inesperada de mil dólares a cuatro categorías distintas: comprarle a alguien algo bonito, invertir en el plan de pensiones, planificar una «velada divertida y extravagante» o depositar el dinero en una cuenta corriente. Quienes habían visto en el espejo a su avatar del futuro ponían más del doble de dinero en el plan de pensiones que quienes habían visto a su avatar actual.

ESTRATEGIA 3: Proyéctate al futuro. Podrían ser seis meses o sesenta años. ¿Qué está haciendo tu yo del futuro? ¿Cómo va vestido? ¿Qué le preocupa? ¿Qué le parece importante? Si tienes problemas para imaginarte a ese yo del futuro, puedes utilizar un software de envejecimiento a fin de hacerte a la idea de qué aspecto tendrás más adelante. No te harán falta unas gafas de realidad virtual como las del experimento de Hershfield; existen, por ejemplo, aplicaciones gratuitas de móvil que ofrecen filtros de envejecimiento para fotos.

Aunque no tengamos empatía de manera natural por nuestro yo del futuro, podemos resolver de inmediato este problema convirtiéndonos mentalmente en él. Es la perspectiva que nos ayudará a tomar mejores decisiones vitales. Nos permitirá actuar «ahora» para beneficiar a nuestro yo del futuro «más tarde», en lugar de caer en la trampa de procrastinar ahora y comprometernos para una acción futura. Esta distinción es crucial.

Asegúrate de que las decisiones que tomes ahora desde la perspectiva de tu yo del futuro resulten fáciles de cumplir cuando llegue la hora de llevarlas a la práctica. Si no, estarás preparando el terreno para sufrir la decepción de ver que no satisfaces lo prometido. Por ejemplo, si quieres cancelar un periodo de prueba gratuito de un servicio de *streaming* dentro de doce meses, ponlo en el calendario, junto con toda la información que necesites para la baja. Esta nota para tu yo del futuro lo ayudará a que la acción sea casi automática. Si estamos hablando de cambiar un hábito que sabemos que no podemos dejar de la noche a la mañana, la idea es empezar a trabajar ya en ello.

ESTRATEGIA 4: Actúa ahora, no en el futuro. En la medida de lo posible, actúa ahora. Por ejemplo, puedes dejar preparado el almuerzo el día anterior (o la bolsa del trabajo o la del gimnasio). Haz ya un borrador de la carta que has decidido que escribiría tu yo del futuro. Pon en el calendario tu nuevo compromiso, no en una lista de cosas que hacer. Configura una transferencia automática a la cuenta de ahorros, aunque empieces solo con un dólar. Haz estas cosas aprovechando la inercia del momento, antes de perder fuelle, por ejemplo, cuando ya tengas delante la mayor parte de la información o estés especialmente entusiasmado con algo.

Después de haber generado para tu yo del futuro una tendencia hacia la acción en una dirección predeterminada, una vez que llegues a esta versión tuya, quizá necesites confirmar o revisar las decisiones que hayas tomado en un principio. De todas formas, es mucho más fácil retocar la ejecución que empezar de cero. Tu yo del futuro aprovechará esa inercia y te lo agradecerá.

Convertirte en tu yo del futuro

La capacidad de imaginarnos separados de nuestra posición actual tanto en el tiempo como en el espacio forma parte de nuestro concepto del yo.[14] Al pensarnos de manera abstracta, podemos manipular esa imagen de distintas maneras, por ejemplo, imaginándonos como consejeros o como si tuviéramos más edad.

Cuando te imaginas que eres tu yo del futuro, que mira atrás y se pregunta «¿Qué desearía haber hecho ese día?», no solo te invitas a pensar sobre la decisión con una perspectiva a más largo plazo, sino que además el punto de observación desde el que lo haces también te distancia de tu yo actual. Si lo intentas, podrás sentir realmente la diferencia entre pensar proyectándote desde el presente hacia el futuro y hacerlo al revés. La segunda opción requiere más esfuerzo mental, pero ese esfuerzo añadido te ayudará a salir del yo aquí y ahora y ganar una nueva perspectiva.

Para poner a prueba qué es lo más efectivo, Hershfield y sus colegas realizaron otro estudio, esta vez usando una aplicación de ahorros para universitarios llamada UNest.[15] Se pusieron en contacto con veinticinco mil personas que habían empezado a registrarse en la aplicación, pero no habían terminado el proceso. A un grupo le enviaron un mensaje de «darle al botón de avance»: «Estamos en 2021. Adelántate a 2031». Al otro grupo le enviaron un mensaje de «darle al botón de retroceso»: «Estamos en 2031. Retrocede a 2021». El grupo que retrocedía desde el futuro mostró el doble de probabilidades de completar el proceso que el que avanzaba desde el presente.

¿Te acuerdas del ejercicio de las velas que se giraban en la mesa? Resultaba menos natural e implicaba más esfuerzo que nos reubicáramos mentalmente alrededor de la mesa para ver las velas alineadas (rotación del observador) que simplemente girarlas mentalmente en la mesa (rotación del objeto). Sin embargo, la rotación del observador era un cambio de perspectiva más efectivo. Podemos ver un paralelismo entre el ejemplo de las velas y el experimento de desplazarnos mentalmente al año 2031 y luego volver hacia atrás (rotación del observador) o quedarnos en el año 2021 y proyectarnos a 2031 (rotación del objeto). Requiere mayor esfuerzo mental salirnos del tiempo y el espacio actuales, pero ese esfuerzo añadido conlleva el beneficio de un mayor distanciamiento psicológico y un mejor punto de observación. Convertirte en tu yo del futuro y retroceder en el tiempo desde allí tiene mayor impacto.

Daniel Gilbert, psicólogo de Harvard, ha estudiado la distinta capacidad que tenemos de predecir cambios en nosotros mismos mirando hacia delante y mirando hacia atrás. Enseguida vemos grandes diferencias entre el yo actual y el del pasado (mirando hacia atrás), pero tendemos a predecir solo cambios mínimos para el yo del futuro (mirando hacia delante).[16] Pensar en nosotros mismos como seres capaces de cambiar nos hace más flexibles. Y el ejercicio de pensar hacia atrás nos da una idea mucho mejor de cuánto podemos crecer.

ESTRATEGIA 5: Piensa hacia atrás. Recuerda cómo eras hace diez años. ¿Cuánto has cambiado? ¿Qué cosas han ocurrido que no eras capaz de prever entonces? ¿Qué consejo le habrías dado a tu yo del pasado? ¿Has crecido mucho en los últimos diez años? Ahora asume este potencial de crecimiento para tu yo del futuro cuando estés sopesando una decisión en el presente.

Un ejercicio como este debería poner las cosas en perspectiva, pero a veces un periodo de diez años puede suponer demasiada lejanía o una cercanía excesiva en el tiempo. Cada tipo de decisión requerirá distintos horizontes temporales. Elegir dónde comer hoy o si aceptar un nuevo trabajo son dos asuntos de importancia y alcance muy distintos, por lo que también variará mucho la distancia temporal necesaria para ponerlos en perspectiva.

Mario Andretti nació en 1940 en Croacia, que entonces formaba parte de Italia. Después de la guerra, su familia se trasladó a un campamento de desplazados de la Toscana. Cuando tenía quince años, sus padres decidieron emigrar a Estados Unidos. En ese momento, Andretti sentía el deseo de convertirse en piloto de carreras, pero no hablaba inglés y no sabía siquiera si existían carreras de coches en el país al que se dirigían. Aquellos nueve días de travesía por el Atlántico fueron muy duros para el adolescente.

Al cabo de sesenta años, tras ganar carreras con distintos tipos de coches y en diferentes circuitos a lo largo de cuatro décadas, Andretti escribió a su yo de quince años una carta que puedes leer aquí: <theplayerstribune.com/articles/2016-6-9-mario-andretti-racing-letter-to-my-younger-self>.

La carta es larga, más de cinco mil palabras. En ella, Andretti se centra en la traumática decisión de emigrar a Estados Unidos. Narra en detalle cómo transcurrió su vida desde entonces, con todos sus altibajos. Cuenta la vez en que se estrelló en la primera vuelta de una carrera. Las graves lesiones que sufrió su hermano gemelo en un accidente. La muerte de un buen amigo en un incendio. Sobre todo, escribe acerca de la incertidumbre que abrumaba y llenaba de angustia a su yo juvenil.

Andretti puede ser específico porque experimentó todo aquello. Pero imagina que pudieras escribir ahora una carta similar a tu yo actual desde la perspectiva de tu yo futuro. Imagina de qué manera te impulsaría y te predispondría a la acción. Mitigaría tu ansiedad, te sacaría de tu parálisis y reemplazaría el miedo a fracasar por el temor a arrepentirte de no aprovechar las oportunidades.

ESTRATEGIA 6: Haz que tu yo del futuro escriba a tu yo del presente. Cuando tengas que tomar una decisión vital, ponte en la piel de tu yo futuro, que está al final del camino que iniciarías con esa decisión. Haz que ese yo del futuro escriba una carta al más joven del presente. Trata de que esta sea lo más específica posible para que puedas imaginar cómo se desenvolvería tu vida tras tomar esa decisión.

Tres horizontes temporales

La regla general es que las decisiones más importantes tienden a requerir una mayor distancia temporal. A la hora de pensar cuán lejos debes proyectarte en el tiempo, te recomendamos que te plantees tres horizontes temporales: un día, un año o una década (o el final de tu vida). Más o menos. Estos horizontes son el futuro inmediato, el futuro a medio plazo y el futuro lejano. Los detalles variarán, pero esta clasificación puede constituir un buen punto de partida para elegir un marco temporal óptimo en función de la situación.

EL FUTURO INMEDIATO

A veces, lo único que necesitamos es proyectarnos un breve lapso hacia el futuro con el único propósito de salir del ahora. El marco temporal del futuro inmediato es una ayuda accesible para el autocontrol. Pensar en un día resulta práctico, aunque a veces basta con una hora o menos para sacarnos del momento actual. El futuro inmediato es un lugar ideal para sopesar decisiones tácticas, como si enviar un mensaje de texto o un correo electrónico, salir por la noche entre semana o aceptar el primer presupuesto que nos dan para un pedido.

ESTRATEGIA 7: Conviértete en tu yo del futuro inmediato para tomar decisiones tácticas. Este enfoque puede ser muy efectivo para decisiones que hay que tomar en el momento y que tendrán consecuencias o beneficios inmediatos. Plantéate «¿Cuánto me importará este asunto mañana?», «¿Cómo me hará sentir esto dentro de una hora?», «¿Cuán importante es responder a esto justo ahora?».

Veamos el ejemplo de una unidad de cuidados de personas con alzhéimer del noroeste de Ohio que se enfrentaba a un problema.[17] Los cuidadores trabajaban allí porque deseaban ayudar a la gente. Eran personas compasivas, pero el trabajo era agotador. Los pacientes los menospreciaban, los golpeaban y se olvidaban de quiénes eran. Los cuidadores afrontaban exigencias de tiempo nada razonables, estaban desbordados. Para completar el cuadro, con solo cruzar la calle podían conseguir en unos grandes almacenes un trabajo igual o mejor pagado, sin tener que sufrir semejante trato, que les pasaba factura emocional, afectaba a su felicidad y su salud y acababa provocando un alto grado de rotación en la plantilla.

La unidad decidió probar algo nuevo. Cuando los cuidadores se encontraban en situaciones difíciles con los pacientes (momentos en los que eran más vulnerables a la frustración y la rabia), paraban y se imaginaban cómo se sentirían respecto de esa situación al cabo de media hora. Este no es un periodo muy largo, pero sí constituía suficiente distancia temporal para imaginar que los intensos sentimientos que experimentaban en ese momento se habrían desvanecido, lo que les permitía replantearse lo que estaba ocurriendo en el presente.

Erin Azar, alias Mrs. Space Cadet (@ImMrsSpaceCadet en Instagram), se describe como una «corredora profesional esforzada». Se le da muy bien aunar el sentido del humor con la inspiración y los buenos consejos. Utiliza su yo del futuro inmediato para obligarse a salir a entrenar cuando le cuesta hacerlo. Ella lo llama «darle al botón de avanzar». «Dale al botón de avanzar una hora y compara cómo te sentirás si no has salido a correr con cómo te encontrarás si lo has hecho (o si has hecho lo que fuera que no te estuviera apeteciendo hacer). A mí me funciona el cien por cien de las veces».[18]

Esta perspectiva del futuro inmediato ayuda a priorizar la salud y las relaciones. Nos vacuna contra las tentaciones temporales o las manipulaciones de otras personas. ¿Te apetece más pasarte una hora mirando las redes sociales que realizando una tarea aburrida? Conviértete en tu yo del final del día de trabajo. ¿Qué habrías querido que hiciera tu yo del momento? «¿Me como los dónuts y los restos de pizza que he visto en la sala de descanso?». Te resultará más fácil resistirte si te conviertes en la versión de ti mismo que va a subirse a la báscula mañana por la mañana. ¿Tus hijos, tu pareja o tus padres hacen algo que te pone de los nervios? Viaja en el tiempo a dentro de dos horas. (¡O quizá para esta ocasión necesites un día completo!). ¿Cómo te gustaría haber abordado la situación? Seguro que, como mínimo, te darás cuenta de que lo que te parecía tan apremiante ya no lo es tanto, y una respuesta que resulte efectiva a largo plazo siempre será mejor que una reacción en caliente. Adoptar una pequeña distancia temporal convirtiéndote en una versión tuya del futuro próximo te separa de tu yo del aquí y ahora, centrado en sí mismo, y puede tener un efecto muy potente.

EL FUTURO A MEDIO PLAZO

Un marco temporal de medio plazo vendría a ser de un año, aunque también podría ser de seis meses o de dos años, en función de lo que te encaje mejor. También podría coincidir con un ciclo estacional o económico. Lo importante es salirse del marco temporal del futuro inmediato y llegar a uno más amplio donde el efecto de la decisión tenga la posibilidad de desplegarse, lo que nos ayudará a despojarnos de las preocupaciones inmediatas sobre cuestiones prácticas o de conveniencia en favor de ideales y valores más elevados. No estamos hablando de una fase vital totalmente distinta. En este lapso, la vida y la situación laboral serán más o menos como las actuales.

Anett John, de la Universidad de Birmingham, y Kate Orkin, de la Universidad de Oxford, estudiaron los efectos de la visualización del yo del futuro con 3.750 mujeres de Kenia.[19] El agua contaminada era un problema considerable para las comunidades keniatas, ya que causaba diarrea y deshidratación en los niños, lo que tenía consecuencias letales. De hecho, este problema no se reduce a Kenia ni mucho menos. A fecha de 2024, la diarrea es la tercera causa de muerte de los niños menores de cinco años en todo el mundo y mata a medio millón al año.[20]

En Kenia se implantó el agua clorada, una solución muy efectiva, pero cuando John y Orkin comenzaron su investigación, no era frecuente que la población aprovechara este remedio: solo se bebía en un 3 % de los hogares que abarcaba el estudio. Se pidió a las mujeres que pensaran en cómo serían su yo y sus familias del futuro al cabo de un año: «Cierra los ojos un minuto. Imagina la persona que serás dentro de un año. Imagina a tu familia entonces». Este ejercicio de visualización del yo del futuro aumentó el uso de agua clorada un 22 % más que un ejercicio de planificación, lo que demostró que el distanciamiento temporal de medio plazo era más efectivo que lo que algunos considerarían un enfoque más concreto (la planificación).

En cuanto a las decisiones operativas, el plazo óptimo para el distanciamiento temporal sería de seis meses. Cuando David era capitán del submarino Santa Fe se encargaba de aprobar qué oficial conduciría la nave a puerto. El diseño de un submarino moderno está optimizado para operaciones subacuáticas. Es infrecuente que el submarino entre a puerto, y cuando lo hace acostumbra a ser en lugares nuevos, de los que es posible que nadie tenga memoria institucional. Además, estas operaciones suelen realizarse bajo evaluación (¡ay, qué estrés!). Si el objetivo hubiera sido solo conseguir la mejor puntuación, David habría elegido al oficial que mejor navegara en superficie. Cada vez que tuviera que tomar la decisión, elegiría al mismo. Pero este acabaría siendo transferido a otro submarino con el tiempo, con lo que la siguiente vez la calificación caería en picado.

Con estas consideraciones en mente, cuando David tuvo que elegir, se preguntó: «¿A quién querría mi yo de dentro de seis meses que eligiéramos hoy para llevar el submarino a puerto?». La pregunta le permitió ver claramente el beneficio de ir rotando a distintos oficiales para tenerlos entrenados. Como consecuencia, el Santa Fe obtuvo mejores evaluaciones que otros submarinos a lo largo del tiempo y graduó a un enorme número de futuros capitanes. Este es un ejemplo de mentalidad de crecimiento a nivel organizativo y desarrollo de capacidades con la ayuda de un consejero que practica el distanciamiento temporal.

El horizonte temporal de medio plazo es bueno para tomar decisiones más trascendentales que la de no reaccionar desproporcionadamente ante algo, pero menos que las de cambiar de trabajo o desarrollar un nuevo producto. Para adoptar la necesaria perspectiva distanciada con el marco temporal correcto (tu relación temporal con la decisión, situación o hecho), plantéate un plazo de entre seis meses y dos años. Piensa en distintas opciones y en sus resultados más probables. Cuanto más hagas esto por ti, más podrás ayudar a otras personas con sus decisiones. Pregúntales qué le gustaría hacer a la persona que serán dentro de seis meses.

Una de nuestras clientas, ejecutiva de alto nivel en una agencia de seguridad del Estado, le contó a David la siguiente historia. Tenía una subordinada muy poco eficiente que no respondía a los correos electrónicos, no tomaba decisiones y no interactuaba con los miembros de su equipo de manera útil. Los trabajadores que dependían de la opinión de esta empleada habían desarrollado la costumbre de saltársela y preguntarle directamente a su jefa, nuestra clienta. De modo que esta recibía cada vez más peticiones de información, aclaración, orientación y aprobación, lo que le resultaba agobiante. Al mismo tiempo, muchas de estas peticiones tenían repercusiones inmediatas en el ámbito de ejecución de la agencia.

La clienta reconocía que ella formaba parte del problema porque terminaba resolviendo estas cuestiones, ya que priorizaba que quedara hecho el trabajo más urgente. Al solucionarlo todo, incentivaba sin querer que se acudiera a ella, con lo que se saturaba de trabajo y tomaba decisiones que no entraban dentro de las responsabilidades de su cargo.

Este caso era una oportunidad muy buena de aplicar el horizonte temporal de medio plazo. Si nuestra clienta se imaginaba a sí misma como su yo futuro de al cabo de un año, se veía contestando cada vez más a estas peticiones sin que el problema se hubiera solucionado. Aunque no responderlas retrasara el trabajo actual, si decidía no contestar más correos, obligaría a su subordinada a cumplir sus responsabilidades, con lo que mejoraría el flujo de trabajo en el futuro.

A veces es mejor empezar mirando hacia atrás y luego variar el punto de vista. Por ejemplo, al realizar una retrospectiva sobre una operación que acaba de cerrarse, podríamos preguntarnos «¿Qué nos habría gustado haber empezado a poner en práctica hace seis meses?», lo que podría generar ideas sobre qué debería empezar a poner en marcha el equipo en el momento actual a fin de prepararse para los siguientes seis meses. Si quieres contar en el futuro con un equipo dotado de resiliencia y con mentalidad independiente, ¿qué necesitas hacer hoy para desarrollar esa actitud y esas capacidades?

ESTRATEGIA 8: Conviértete en tu yo del futuro a medio plazo para tomar decisiones operativas. En las revisiones que lleves a cabo con tu equipo, prueba una perspectiva distanciada en el tiempo. Puedes enfocarla de las siguientes maneras:

- «¿Qué querría mi yo de dentro de un año que hiciera mi yo del presente?».

- «Si fuésemos a hacer esto otra vez, ¿qué nos gustaría haber sabido que no sabíamos en esta ocasión?».

- «Si fuésemos a hacer esto otra vez, ¿qué nos gustaría haber hecho que no hicimos en esta ocasión?».

- «Si otro equipo fuera a hacer esto dentro de seis meses, ¿qué sugeriríamos que hicieran de otra manera?».

El futuro lejano

El horizonte temporal de largo plazo se refiere a periodos que abarcan entre diez años y el final de la vida. Si estás en el primer cuarto de tu vida, puede que te venga mejor considerar un plazo de cinco años. En otros casos podríamos elegir veinte años o cualquier otra cifra, quizá para planificar la jubilación. Este distanciamiento temporal de largo plazo tiene efectos muy potentes en la capacidad de afrontar experiencias dolorosas, problemas financieros o decisiones vitales cruciales, así como cuestiones más generales sobre qué resultaría más sensato hacer. El futuro lejano se corresponde con el yo ideal y nos permite replantearnos las percepciones del riesgo para actuar en consonancia con lo que deseamos verdaderamente de la vida. Nos desplazamos al final del camino a donde nos llevaría la decisión que nos estamos planteando, y reemplazamos el miedo a fracasar por el temor a no haberlo intentado. Recurre al futuro lejano para ser mejor persona.

Chris Voss, que trabajó para el FBI como negociador en situaciones de crisis y toma de rehenes, ha tenido que tratar con algunos de los peores terroristas y secuestradores del planeta. En una entrevista para el pódcast de Lex Fridman, Voss explicó que durante su carrera había empleado el distanciamiento temporal para aconsejarse a sí mismo y aconsejar a la persona con la que negociaba.[21] «Imagina que dentro de diez años los dos estamos en posiciones fantásticas [...]. Ambos somos felices [...]. Y ahora vamos a ver cómo podemos llegar a ese momento». Acudía al distanciamiento temporal para salirse del pensamiento del «cómo», orientado al detalle y el conflicto, a fin de ver el cuadro completo en términos de «cuál» era el propósito más amplio y «por qué». Esta mayor flexibilidad permitía encontrar una manera de avanzar satisfactoria para las dos partes.

Las investigadoras Emma Bruehlman-Senecal y Özlem Ayduk (2015), de la Universidad de California (Berkeley), investigaron los

efectos del distanciamiento temporal al afrontar situaciones emocionalmente difíciles; para ello, pidieron a los participantes de su estudio que pensaran cómo se sentirían al cabo de diez años y al cabo
de una semana, contando desde el momento presente.[22] Para ayudar
a que ese futuro les pareciese más real, se les pedía que «imaginaran
lo que "estarían haciendo" y cómo "estarían pasando el tiempo"».
Cuando usaban el marco temporal de los diez años, los participantes sentían menos angustia, independientemente de que el hecho
causante de la aflicción estuviese ocurriendo aún o de que se tratara de algo de menor relevancia, como el plazo de entrega de un
trabajo, o tan importante como la pérdida de la pareja.

Emocionalmente, el marco temporal de los diez años da lugar a
sentimientos menos negativos. Desde el punto de vista cognitivo,
hace pensar más en ideales de futuro y en el carácter efímero de la
situación actual, y menos en cómo afecta dicha situación a la vida
diaria, además de que reduce la necesidad de darle vueltas. Las investigadoras también estudiaron cómo reaccionaban los estudiantes ante las notas de los exámenes parciales. Observaron que, entre
los que habían sacado calificaciones bajas, imaginarse a sí mismos
«dentro de diez años» reducía la angustia mucho más que pensar
genéricamente en «el futuro» o que reflexionar libremente sobre lo
ocurrido. Cuando algo nos perturba más allá de una avalancha fu-
gaz de emociones (quizá porque realmente vaya a tener consecuencias en nuestra vida), la estrategia de proyectarnos al futuro lejano
(por ejemplo, a dentro de diez años) y luego mirar atrás, nos permite procesar el hecho más eficazmente y nos ayuda a experimentar
menos angustia.

Este enfoque contribuye a que nos despojemos del bagaje emocional o a que lo procesemos mejor. Nos permite descartar los sesgos. Cambia la naturaleza del miedo al arrepentimiento: pasamos
del miedo a la acción al temor a la inacción. Aceptamos el riesgo de
fracasar y nos preocupa más el de no intentarlo.

El futuro lejano se puede extender al horizonte del final de la vida e incluso más allá. Convertirnos en el yo del final de nuestra vida es mejor para plantearnos cambios trascendentales. Y existe incluso una perspectiva aún más distanciada y abstracta, de nivel más alto, que es pensar en más allá del final de nuestra vida. Por ejemplo, ¿qué herencia dejarás a tu familia? ¿De qué legado disfrutarán quienes vengan detrás de ti? ¿Fomentarán tus actos la sostenibilidad medioambiental?

Stephen Covey es conocido por su mantra «Empieza teniendo en mente el final». Una de las actividades que recomienda en *Los 7 hábitos de la gente altamente efectiva* es escribir tu propio epitafio.[23] También nos invita a imaginar nuestro funeral, con gente hablando de nosotros sobre cuatro facetas de nuestra vida: familia, amigos, trabajo y comunidad. ¿Qué dirán? ¿Qué querrías que dijeran?

Cuando Joe Biden se apartó de la candidatura a la presidencia de Estados Unidos por el Partido Demócrata, Arthur Brooks lo utilizó de ejemplo para escribir sobre la importancia de ser artífices del final de nuestra historia, no solo del comienzo.[24] Brooks da clases de liderazgo y felicidad en la Harvard Business School, pero este es un tema de importancia personal para él.

Brooks fue presidente del American Enterprise Institute entre 2009 y 2019. Hacia el final de su mandato, preguntó a un amigo en el que confiaba mucho cuándo creía que debía retirarse. La respuesta que recibió fue: «O te vas cuando aún tienes más que ofrecer o lo haces en los términos que fije otra persona». Brooks dice que él eligió irse «un poco antes de estar listo para ello». Annie Duke también se expresa en términos parecidos: «Cuando te marchas en el momento adecuado parece que lo haces antes de tiempo».[25]

Que conste que no recomendamos que la gente abandone lo que esté haciendo ahora o que se retire pronto. A lo que nos referimos es a que, para tomar una decisión trascendente con implicaciones a largo plazo, como permanecer en un puesto o una carrera o dejarlos, necesitamos adoptar una perspectiva de futuro lejano. ¿Cómo queremos que acabe nuestra historia?

A nadie le sorprenderá que nuestro yo del futuro lejano quiera que nos centremos en mejorar nuestras relaciones. El Estudio de Harvard sobre el Desarrollo de Adultos lleva ochenta y cinco años corroborando que las buenas relaciones son importantes para disfrutar de una vida larga, saludable y feliz.[26]

ESTRATEGIA 9: Conviértete en tu yo del futuro lejano para ser mejor persona. Si tienes setenta y pocos años, prueba a usar a tu yo de ochenta o el del final de tu vida. Imagina que eres realmente esa persona. ¿Dónde te encuentras? ¿Qué te importa? ¿Cómo es tu vida? ¿Qué haces? Ponte en la piel de esta versión futura de ti. Conviértete en ella. Ahora observa la situación actual. Desde tu nueva perspectiva, reflexiona sobre la decisión que afronta tu yo presente. Recuerda que este es ahora otra persona distinta de ti. ¿Qué debería hacer [tu nombre]? ¿Qué te gustaría que eligiera? ¿Qué consejo quieres darle?

Otra estrategia consiste en situarte en el futuro más lejano posible y luego acortar el horizonte temporal. Te resultará útil si tratas de animarte a actuar de cara a un objetivo futuro. En *Generación dopamina*, Anna Lembke habla con una clienta que es consumidora habitual de cannabis y quiere dejarlo.[27] La conversación transcurre así:

—¿Estás dispuesta a dejar el cannabis un mes y crees que podrás hacerlo?

—Mmm... No creo que esté lista para intentar dejarlo ahora, pero quizá sí más adelante. Tengo claro que no voy a seguir fumando así siempre.

—¿Querrás seguir consumiendo cannabis como ahora dentro de diez años?

—No. En absoluto. Por supuesto que no —dijo negando vigorosamente con la cabeza.

—¿Y dentro de cinco años?

—No, dentro de cinco años tampoco.

—¿Y dentro de un año?

Pausa. Risita.

—Creo que me has pillado. Si no quiero estar consumiendo como ahora dentro de un año, supongo que será mejor que lo deje ya. —Me miró y sonrió—. Venga, vamos a hacerlo.

Aunque nos estemos imaginando en un futuro lejano, hay que pasar a la acción ahora.

Hablamos en Phoenix con un coach de ejecutivos que aconseja a sus clientes que creen un avatar imaginario de sí mismos que siempre tenga veinte años más que ellos. A medida que envejezcan, el avatar también lo hará. Cuando les toque tomar decisiones trascendentales, se pondrán en la piel del avatar, ponderarán la situación y decidirán desde esa perspectiva.

ESTRATEGIA 10: Empieza en el futuro lejano y luego ve reduciendo el marco temporal. Cuando tengas que hacer un cambio importante, conviértete en tu yo del futuro lejano e imagina cómo quieres ser en ese punto de tu vida, luego ve reduciendo el marco temporal. Este enfoque funciona muy bien cuando quieres abandonar hábitos poco saludables o desarrollar hábitos sanos.

CÓMO SER TU YO DEL FUTURO

1. **Dale al botón de avance para ver el final.** Imagina que ya has tomado la decisión. En lugar de pensar que la tienes ante ti, haz como si ya la hubieras tomado. ¿Qué tal han salido las cosas? Ahora ¿qué elegirías?

2. **Establece una comunicación por carta con tu yo del futuro.** En tu carta al yo del futuro, describe la cuestión que te preocupa o la decisión que necesitas tomar. Luego responde a tu yo del presente escribiéndole una carta como si fueras tu yo del futuro. ¿Qué le dices?

3. **Proyéctate hacia el futuro.** ¿Cómo es tu vida? Descríbela con todo detalle.

4. **Actúa ahora, no en el futuro.** En la medida de lo posible, actúa ahora para tu yo del futuro. Déjale preparado el camino.

5. **Piensa hacia atrás.** ¿Cómo eras hace diez años? Examina lo mucho que has cambiado desde entonces. Ahora piensa en lo mucho que podrías cambiar en los próximos diez años.

6. **Haz que tu yo del futuro le escriba a tu yo del presente.** Ponte en la piel de tu yo del futuro y escríbele a tu yo actual desde el final del camino que iniciarías si tomaras ahora una decisión.

7. **Conviértete en tu yo del futuro inmediato para tomar decisiones tácticas.** Hazlo para frenar un arrebato emocional o para ejercer autocontrol. Proyéctate a un momento del futuro inmediato (entre treinta minutos y un día).

8. **Conviértete en tu yo del futuro a medio plazo para tomar decisiones operativas.** Para tomar este tipo de decisiones o aprovechar oportunidades de crecimiento, proyéctate a un momento del futuro a medio plazo (entre seis meses y dos años).

9. **Conviértete en tu yo del futuro lejano para ser mejor persona.** Adopta la perspectiva a largo plazo para cualquier situación en curso. Pueden ser diez años o más.

10. **Empieza en el futuro lejano y luego ve reduciendo el marco temporal.** Cuando afrontes decisiones difíciles para cambiar malos hábitos, empieza imaginando en el futuro lejano un estado que desees alcanzar. Luego ve hacia atrás.

RESUMEN

El emperador y filósofo romano Marco Aurelio escribió en sus *Meditaciones*: «Piensa que ya has muerto. Has vivido tu vida. Ahora coge lo que ha quedado y vive apropiadamente».[28] Aunque este pueda ser el horizonte temporal definitivo desde el que te mires, el concepto básico se puede aplicar también al corto y al medio plazo. Al viajar en el tiempo para convertirte en tu yo del futuro, conseguirás tres cosas: acercarte más al final de tu vida, con lo que te situarás al final del camino que iniciarías si tomaras una decisión hoy y generarás un marco de referencia para el arrepentimiento; destacar lo que es deseable para llegar a ser tu yo ideal o verdadero por encima de los aspectos meramente prácticos; y mitigar el fracaso del autocontrol. El distanciamiento temporal ayuda muy eficazmente a tomar decisiones. Te retamos a que te conviertas en tu yo del futuro y le digas a la enfermera del hospital de cuidados paliativos qué lamentas no haber hecho. Luego vuelve de ese viaje y comienza a vivir tu vida sin demora.

8

Detener el tiempo

Dar con la palabra correcta puede ser efectivo, pero ninguna palabra ha sido nunca tan
efectiva como parar en el momento adecuado.

MARK TWAIN

Shane Mac es un enérgico emprendedor en serie, fundador de di-
versos negocios y director ejecutivo. A los diez minutos de haber hablado con él, te enviará un correo electrónico con enlaces a artículos o recursos sobre el tema del que hayáis estado hablando y te
pondrá en contacto con las personas que conozca que hayan salido
a relucir en vuestra conversación. Siempre. Es una persona reflexiva, escucha con atención y es muy curioso. Afortunadamente para
nosotros, también reconoce su vulnerabilidad y está dispuesto a contar sus fracasos.

Shane se encuentra actualmente creando XMTP, un protocolo
de mensajería descentralizado. Antes de este proyecto, desarrolló
otra plataforma de mensajería que fue uno de los principales so-
cios de Facebook, Apple, Google y WhatsApp. Tras recaudar más
capital, un socio importante estaba considerando hacer una adquisición que llevaría a la empresa al siguiente nivel: 50 millones de

dólares o más. No sería solo una asociación empresarial, sino un gol en toda regla.

Shane había pasado cinco meses cultivando una relación con el director de tecnología de su potencial socio, y parecía que iba todo por buen camino. Intercambiaron textos inspiradores sobre el futuro, además de historias personales sobre su familia. Habían generado una sensación de confianza y buena voluntad y, para Shane, lo que parecía una relación sólida. Entonces, de repente, todo se desmoronó.

El equipo de Shane comenzó a culpar al del socio por cuestiones relacionadas con el lanzamiento inminente, y viceversa. Shane y el director de tecnología trataron de gestionar las quejas y de reforzar la confianza en la asociación empresarial diciéndoles a sus equipos respectivos que se centraran en su parte del proyecto. Sin embargo, al final Shane comenzó a contagiarse del estado emocional de los suyos y a estar de acuerdo con ellos acerca de lo ineptos que eran los otros. Centrados en sí mismos, cayeron de cabeza en exageraciones, sesgos egoístas y acusaciones que generaron resentimiento. Shane estaba inmerso en la identidad de su equipo y en la propia.

Un día las cosas llegaron a un punto crítico. Shane envió un mensaje acusatorio al director de tecnología. A los diez minutos, oyó una notificación. Con una mezcla de emoción y miedo, abrió el mensaje, que era del director de tecnología, y leyó lo siguiente:

> Voy a ser franco. No me está gustando el tono acusatorio de tu equipo. Para NADA. Hablar de «nosotros» a todas horas no borra el lenguaje que estáis usando tu equipo y tú: improperios, arrogancia, el uso de la palabra «mierda» para aludir a gente y plataformas. No me parece correcto. En todo momento he reconocido los fallos que hemos cometido, que han sido muchos. Me he referido a ellos específicamente y he expuesto la manera en que estamos abordándolos.

Shane nos cuenta: «Para comunicarle cómo me sentía, canalicé directamente a través de los dedos todas las frustraciones que mi equipo me había transmitido durante meses. Nunca olvidaré ese momento. Fue casi como perder el sentido y entrar en un trance en el que tecleé, borré, tecleé, borré, tecleé, edité, borré, tecleé, tecleé, tecleé, borré, copié, pegué, borré». Es una sensación que todos hemos experimentado. Shane contestó enfurecido:

> Voy a ser franco. No me está gustando el tono acusatorio de tu equipo. Para NADA. Hablar de «nosotros» a todas horas no borra el lenguaje que estáis usando tu equipo y tú: improperios, arrogancia, el uso de la palabra «mierda» para aludir a gente y plataformas. No me parece correcto. Y no habíamos tenido nunca una colaboración tan pésima como esta…

Shane estaba atrapado en un estado centrado en sí mismo; solo veía el mundo desde su perspectiva y se halló impulsado a una reacción inmediata que no era necesaria. La situación funcionó como un detonante emocional que le hizo perder el control, actuar con impulsividad y quedar privado de la capacidad de elegir cómo responder. Shane necesitaba un cortocircuito, algo que interrumpiera el intercambio impulsivo. Necesitaba distancia.

Cuando Shane envió su mordaz respuesta se sintió totalmente satisfecho. ¡Chúpate esa! Con ella vindicaba perfectamente a su yo del aquí y ahora. Pero seguro que has adivinado lo que ocurrió a continuación.

La colaboración se fue al traste. Ahora Shane dice: «Ese fue el mensaje que nos costó a mis inversores y a mí 50 millones de dólares». Pero también fue una lección que desde entonces tiene siempre presente. Quedarte atrapado en tu propia cabeza puede acabar costándote muy caro en términos de relaciones, dinero, oportunidades de negocio, etcétera. La incapacidad de detenerte, apartarte y considerar las posibles consecuencias da lugar a situaciones que lo más seguro es que te lleven a acabar perdiendo. El problema es que, una vez que empezamos a descender a ese estado de inmersión en uno mismo, queda muy mermada la capacidad de contrarrestar los impulsos y tomarnos un respiro.

El valor de la pausa

Veamos un ejemplo de la situación opuesta: el modo en que Steve Jobs manejó una pregunta hostil en la Worldwide Developers Conference de 1997. Un miembro del público trató de descalificarlo diciendo «Lamentablemente, está claro que, en muchos aspectos, no sabes de lo que estás hablando» antes de formularle una pregunta técnica. ¿Cómo respondió Jobs? Se sentó, tomó un trago de agua e hizo una pausa de diez segundos. Luego distendió la situación con humor y humildad antes de responder a la pregunta. Dignificó a quien la había formulado además de a sí mismo. ¿Qué fue lo que hizo durante esos diez segundos? Adoptar una perspectiva distanciada para aconsejarse a sí mismo cómo responder mejor.

¿Recuerdas lo que hemos contado que sucedió cuando Anne Hathaway interrumpió el rodaje de *Los miserables*? Pidió que se hiciera una pausa y se habló a sí misma en tercera persona. Luego se lanzó a cantar «I Dreamed a Dream» y lo bordó. Ganó muchos premios por su actuación, incluido un Óscar y un Globo de Oro a la mejor actriz secundaria. Observando su proceso, podemos distinguir cuatro pasos cruciales que habría que dar para hacer una pausa y usar el distanciamiento psicológico cuando sea necesario.

El primer paso es hacer posible la pausa. La cultura, el entorno o el ímpetu del momento pueden llevarnos a sentir que es prácticamente imposible intercalar una pausa. He aquí algo que hizo Anne Hathaway, pero no el capitán Lee ni Shane Mac. Una semana antes del rodaje, fue a hablar con Tom Hooper, el director, y le confesó los nervios que tenía por el rodaje del «I Dreamed a Dream». Hathaway reconoció la ansiedad que sentía de antemano, por lo que no era un tabú. Este reconocimiento preparó el terreno para que tanto ella como los demás estuvieran listos para afrontar lo que hiciera falta.

Con esta medida, Hathaway desplazó su miedo en la ventana de Johari de la celda «oculto» a la celda «abierto» (coincidencia de «lo que sé sobre mí» y «lo que saben los demás sobre mí»), a diferencia del capitán Lee, que ocultó la ansiedad que le producía aterrizar sin la ayuda del sistema electrónico.

En segundo lugar, Hathaway reconoció la necesidad de hacer una pausa. El reto que tenía ante sí era que el director no solo quería que los actores cantaran durante la filmación, sino que además todo se hiciera en una sola toma. Con este enfoque, la película daría la sensación de una puesta en escena de Broadway, pero los actores no contarían con el respaldo de los doblajes durante las canciones ni con la posibilidad de utilizar material de varias tomas. Hathaway previó que esta circunstancia entrañaría mucha presión y que había muchas probabilidades de que se sintiera cohibida.

Entonces, en el momento de la actuación, Hathaway se dio cuenta de que no tenía la actitud correcta: «No podía parar de pensar en que si no me salía bien iba a quedar muy expuesta». Tanto ella como probablemente el resto del equipo sabían que las primeras tomas no valdrían. Pero su conciencia de que no tenía la actitud correcta, la observación de sus pensamientos y emociones, le hizo ver que necesitaba pedir una pausa. Según sus propias palabras, «Estaba muy enfadada conmigo misma», una indicación de la necesidad de recomponerse mentalmente.

En tercer lugar, Hathaway hizo lo que seguramente a ti ya te resulte obvio, pero no lo fue para Shane en su momento ni para el capitán Lee cuando se acercaba a la pista de aterrizaje. Utilizó un lenguaje claro que sabía que los demás entenderían y pidió una pausa. Un respiro. «No, no. Parad. Lo siento. No ha salido equilibrado». Hacer una pausa es un requisito para usar las herramientas de distanciamiento y replantear las cosas de manera efectiva.

En cuarto lugar, el siguiente paso de Hathaway fue salir del estado centrado en sí misma y distanciarse en una de las dimensiones posibles para adoptar la perspectiva que le permitiera abordar el problema. Eligió el ileísmo: convertirse en otra persona, su propia consejera. «Cerré los ojos y recuerdo que pensé: "Hathaway, si no haces esto ahora mismo, no tienes derecho a llamarte 'actriz'. Déjate de tonterías y ponte a hacer tu trabajo". Abrí los ojos y… zas. Dije: "Vamos allá". Y lo hice. Lo di todo en esa toma, y es la que sale en la película».

Vamos a explorar cada uno de estos cuatro pasos fundamentales para hacer una pausa cuando necesitamos distancia psicológica:

1. Hacer posible la pausa.

2. Reconocer la situación.

3. Pedir la pausa.

4. Decidir qué dimensión del distanciamiento aplicar.

Hacer posible la pausa

Este paso requiere una preparación, cuyo objetivo es reducir cualquier barrera social o cultural que pudiera entorpecer que pidiéramos la pausa; de este modo, cuando la solicitemos, resultará un trámite fácil, normal y algo que todo el mundo se espera. Cuando Hathaway se dio cuenta de que esa escena de *Los miserables* iba a suponerle un reto, lo puso en conocimiento del director. Preparar el terreno para pedir una pausa nos permite estar listos para hacerlo cuando sea necesario. Esto es importante porque, por regla general, no sabemos con antelación el momento exacto en que necesitaremos parar. Normalizar una pausa en medio de la acción para que sea una parte natural de la tarea nos permite realizarla, al tiempo que seguimos centrados en ella (sin que nos desviemos para gestionar nuestra imagen). Puede que resulte útil tener una conversación previa sobre este asunto. Hathaway había puesto al director al tanto de su preocupación con esa escena, por lo que, cuando pidió la pausa, no fue algo inesperado. El personal militar tiene codificadas frases específicas y gestos de la mano para pedir pausas. Los árbitros deportivos y los entrenadores tienen protocolos y gestos específicos para interrumpir la acción y pedir tiempo muerto. Que todo el mundo sepa que pedir una pausa está integrado en la propia tarea facilita su ejecución y la realización de actos que, de lo contrario, podrían poner en riesgo nuestra imagen o el modo en que los demás perciben nuestra competencia. Por ejemplo, en los partidos, los árbitros pueden parar el juego para retroceder la grabación y volver a ver una jugada, lo que se considera una conducta integrada en la tarea.

El capitán Lee tomó una decisión distinta cuando se enteró del problema que tendría que afrontar y para el que no se sentía preparado: la evitación. Ya explicamos cómo se desarrollaron los acontecimientos. Hacer posible la pausa es responsable y ético. Asimismo, está contemplado en los procesos de los equipos y las organizaciones del más alto rendimiento.

Un buen ejemplo de un mecanismo que hace posible la pausa es el cable del *andon*, concepto originado en Takaoka (Japón), donde se fabricaba el Toyota Corolla. Consistía en tirar de un simple cable, el cual activaba sobre la línea de ensamblaje una luz que indicaba que el trabajador situado en esa posición tenía un problema.

Al tirar del cable de este *andon*, que en japonés significa «farol de papel», se detenía la línea de ensamblaje en caso de que el problema no se resolviera rápidamente. Tirar del cable señalaba una pausa. Sin embargo, el poder del cable del *andon* no residía solo en pedir la pausa, ni siquiera en que provocaba la detención de la línea de ensamblaje. El cambio significativo que subyacía en este mecanismo era que se aceptaba la llamada a una pausa y se agradecía. El cable era un elemento visible que mostraba la valentía y la preocupación por los productos y la salud de los trabajadores que hacían faltan para parar en seco la producción ante la mera posibilidad de que algo no estuviera funcionando bien. Suele haber cierto grado de riesgo cuando se pide tiempo muerto. Todos hemos experimentado momentos de incertidumbre cuando no hemos estado seguros de que procediera realmente levantar la mano —o tirar del cable— para interrumpir la acción. El precio es la probabilidad de abochornarnos a nivel personal a cambio del potencial beneficio para la organización. El uso prácticamente universal de adjetivos como «equivocada» para calificar las pausas que hayan resultado ser innecesarias erige una barrera para hablar y hacer estas interrupciones. La consecuencia es que la gente necesita convencerse de cierto nivel de certidumbre sobre el asunto que están cuestionando antes de decidirse a hablar. Por eso, se puede allanar el camino con dos prácticas lingüísticas: no describir las pausas como «equivocadas», sino como «actos de resiliencia», e indicar las probabilidades cuando se explica por qué se pide la pausa. Siempre que no tengamos la certidumbre de si existe o no un problema, estará claro que necesitaremos pedir una pausa.

David viajó junto a un árbitro de fútbol americano en el tren Acela de Washington a Nueva York. Como sabía que los árbitros tienen poco tiempo para decidir si interrumpen el juego a fin de ver la jugada grabada o dejar que continúe el partido, David estaba interesado en conocer cómo elegían una cosa o la otra. El árbitro le contó que, si no lo tienen claro, entonces piden la pausa. Ante la duda, han hecho de la pausa la norma.

ESTRATEGIA 1: Haz que la pausa sea posible. Déjale clara a tu equipo la importancia de la pausa. Intégrala en la cultura de tu empresa u organización igual que hizo Toyota con el cable del *andon*. Convén en una señal, símbolo o lenguaje que permita a los miembros del equipo pedir una pausa si es necesario, sin miedo. Esa es la razón por la que los entrenadores o los árbitros usan el silbato y se cronometra el tiempo real de juego. Normaliza la petición de pausas inculcando a todo el mundo ese comportamiento. Practícalo hasta que no resulte extraño.

Reconocer la situación

En la conclusión de *Pensar rápido, pensar despacio*, Daniel Kahneman, psicólogo premiado con el Nobel que pasó su prolífica carrera estudiando sesgos cognitivos y errores de decisión, reflexiona sobre cómo ha superado él sus propios sesgos naturales.[1] Comienza con un reconocimiento sorprendente: tras tanto esfuerzo y estudio, se ha dado cuenta de que no ha mejorado mucho a la hora de despojarse de sus sesgos cognitivos. Sin embargo, sí ha mejorado en la capacidad de reconocer el tipo de situaciones que tienen más probabilidades de distorsionar su pensamiento.

El mejor modo de ayudarnos a nosotros mismos es aprender cómo identificar cuándo es probable que una situación dé lugar a un rendimiento cognitivo no óptimo, a sesgos o a errores de decisión. Podemos prepararnos con antelación para las situaciones que probablemente nos sumerjan en nosotros mismos y que hagan necesaria una pausa que nos permita salir de ese estado. Las cuatro situaciones más comunes que pueden empujarnos al estado centrado en uno mismo son la urgencia, el hecho de actuar en público, el feedback o revivir experiencias pasadas dolorosas.

LA URGENCIA

La urgencia genera estrés, y el estrés tiende a centrarnos en nosotros mismos, lo que desviará el enfoque de la tarea a nuestro yo aquí y ahora sin que ni siquiera nos demos cuenta. Daremos entonces preponderancia a una actitud defensiva de autoprotección, y la mente seleccionará de la realidad lo que nos haga sentir bien con nosotros mismos. En la vida nos encontramos muchas veces con situaciones que requieren inmediatez. Sin embargo, a veces la urgencia es forzada o autoinducida, en cuyo caso adoptar una distancia psicológica puede ayudarnos a situar la urgencia aparente en un contexto más amplio. Por ejemplo, podría ser aconsejable retrasar un plazo de producción interna a fin de generar un producto mejor o tomar mejor una decisión.

ACTUAR EN PÚBLICO

En cualquier tipo de actuación, pero sobre todo en las que se hacen en público, existe una fuerte tendencia natural a sentir angustia o vergüenza. La angustia puede ser beneficiosa o contraproducente, pero la vergüenza siempre es perjudicial porque desvía la atención cognitiva de la tarea propiamente dicha. Distanciarnos nos permite canalizar la ansiedad en una dirección positiva que nos ayude a estar a la altura del reto a la vez que reduzca la vergüenza.

FEEDBACK

«¿Te puedo dar mi opinión?». Según el neurocientífico David Rock, esta pregunta nos puede generar «el mismo cortisol que si oyéramos pisadas detrás de nosotros por la noche».[2] No suele ser agradable desentrañar los propios problemas, defectos o áreas de mejora, y cuando alguien nos lo impone puede resultar intimidante. Esto se aplicaría tanto a los comentarios que nos ofrecen de manera espontánea como a las evaluaciones formales. La gente que encaja bien las críticas se merece aplausos. A quienes les cueste asumir las críticas sinceras sobre su rendimiento, sus actos y su conducta, el distanciamiento puede ayudarles a no tomárselas demasiado a pecho.

EXPERIENCIAS PASADAS DOLOROSAS

Los humanos somos seres imperfectos. Cometemos errores. Y no nos es posible escapar de la pérdida. Otras veces somos víctimas del mal comportamiento de otras personas. No recomendamos el uso del distanciamiento para evitar la experiencia del dolor, pues eso sería disfuncional; el dolor forma parte necesariamente de la vida. Pero, en algún punto, tenemos que aceptar lo que ha ocurrido y pasar página. Cuando no dejamos de rumiar una experiencia dolorosa o negativa —reviviéndola una y otra vez—, podemos estar seguros de que necesitamos distanciarnos para ver la situación desde otra perspectiva y reformularla. La perspectiva distanciada nos ayudará a aceptar, a crecer y a seguir adelante con nuestra vida.

ESTRATEGIA 2: Reconoce la situación. Las situaciones estresantes, intimidantes o dolorosas tenderán a sumirnos en nosotros mismos, y centrarán la atención en la autoconservación, en lugar de en el rendimiento o el crecimiento. Fíjate en las situaciones de tu pasado que han producido esta respuesta. Escríbelas y añádelas a una lista. Estas banderas rojas te ayudarán a prever qué cosas podrían llevarte a reaccionar igual en el futuro; así estarás preparado para hacer una pausa y distanciarte cuando se presenten.

VER LAS BANDERAS ROJAS

Las experiencias dolorosas nos enseñan a evitar situaciones similares en el futuro. Tras el batacazo de perder un negocio de 50 millones de dólares, ahora Shane Mac adopta un enfoque muy diferente en los momentos que podrían suponer el cierre o la pérdida de un negocio. Y hace lo mismo con las relaciones u otras oportunidades. Tanto si se trata de un mensaje de texto como de un correo electrónico, una llamada telefónica o una conversación con otra persona, Mac ha asumido el poder de la pausa. Se pregunta: «¿Siento un apremio abrumador por enviar este mensaje?». Si la respuesta es sí, se trata de una bandera roja. Cuanto mayor es el apremio que siente por enviar una respuesta, más sabe que necesita detenerse para ganar perspectiva. Nos cuenta: «Tengo que examinarme sinceramente y ver si me estoy dejando llevar por una sensación apremiante de que necesito actuar o si estoy tranquilo y soy capaz de elegir el momento correcto de enviar esa respuesta».

Cuanto mayor sea el apremio, más necesita comprobar cómo se siente. ¿Está agitado? ¿Tiene la tripa revuelta? ¿Suda, tiembla? Para él, «el cuerpo lleva la cuenta, y hacer caso a esas señales ha supuesto todo un cambio». Pero si la voz de su cabeza le dice que podría, por ejemplo, enviar ese mensaje más tarde o al día siguiente, después de haber retocado el lenguaje o haberse dado tiempo para reflexionar más, reconoce que podría enviarlo en cualquier momento. Sabe que no está reaccionando exageradamente o dejándose llevar por el miedo o el ego. «La sensación serena de claridad y de tener opciones se distingue muy bien del apremio frenético».

Esta nueva forma de pensar ha ayudado a Mac a mantenerse al margen de lo que él llama «círculo vicioso». La pequeña pausa le proporciona el espacio que necesita para volver a pensar en lo que está haciendo realmente, lo que debería hacer y las consecuencias que puede tener su acción. El plan que aplica comienza con una reflexión previa sobre su yo del futuro. Tiene un protocolo para convertirse en consejero de sí mismo, intervenir y tocar el silbato. Pedir tiempo muerto. Pausar la acción. Tranquilizarse. Porque si nos enfadamos demasiado o nos dejamos llevar por las emociones, perdemos la perspectiva que necesitamos para reconocer lo que ocurre y poder aplicar una estrategia efectiva.

Al igual que Shane, todos tenemos pistas. A todos nos ha pasado. Una sensación que nos sube por el cuerpo, como de agua que estuviera a punto de romper a hervir. Una especie de calor. Un poco de sudor. Quizá el corazón que te empieza a latir más rápido o los músculos que se te contraen. Sentimos la adrenalina. Ese nivel de intensidad es una señal inequívoca. Existen otros indicadores: hablar rápido, poner la voz más aguda, tensar la mandíbula, respirar superficialmente, apretar las manos o los pies.

Aunque las pistas pueden variar en cada persona, todas son respuestas físicas ante una amenaza inminente. Cuando el cuerpo te dice que tienes que hacer algo en ese momento, te parece que es lo único que importa. Te abruma la sensación de que «tiene que ser ahora».

Sin embargo, a menos que esté a punto de atropellarte un autobús, ese apremio repentino es falso y hacerle caso no te beneficiará en absoluto. Como una toxina que nos invade con sus efectos, la falsa urgencia desconecta la corteza cerebral y nos convence de que estamos pensando con claridad cuando no es así. Si somos capaces de identificar nuestras pistas, podremos convertirnos más rápidamente en nuestro propio consejero y darnos la oportunidad de calmarnos y recomponernos.

ESTRATEGIA 3: Reconoce tus pistas. ¿Qué te ocurre antes de que sientas el apremio de actuar atropelladamente o de ponerte a la defensiva? ¿Qué experimentas en el cuerpo? ¿Qué emociones se arremolinan en tu interior? ¿En qué piensas? Presta atención y toma nota de las señales de que estás centrando la perspectiva solo en ti mismo. Ese será el momento justo de pedir una pausa. Practica tratando de identificarlas con antelación para estar preparado. Si no, será demasiado tarde.

Pedir la pausa

Una vez que hemos hecho posible la pausa y reconocido su necesidad, pedirla es una cuestión relativamente simple. Di: «Necesito un momento», «Vamos a hacer un descanso de cinco minutos» o «Tiempo muerto». También puedes usar una señal o un símbolo que hayas acordado con antelación. Podría ser soplar un silbato, hacer un gesto con la mano o tirar de un cable. Si no tienes nada planificado, di simplemente: «Una pausa».

A veces podemos pedir una pausa para detener la acción justo cuando se está desarrollando. Pero otras veces necesitamos utilizar las pausas que se presenten de manera natural. William Ury se imaginaba que se iba al palco durante los descansos en las negociaciones; tenía que estar presente y escuchando durante los momentos de conversación. Jeremy Snape y los miembros de su equipo se convertían en el «chico del palco» entre bateo y bateo. Simone Biles se aconsejaba a sí misma entre una prueba y otra.

Las breves interrupciones pueden tener una función similar a las pausas que se presentan de manera natural: facilitar la toma de decisiones mediante el aumento de la distancia psicológica.[3] Cuando experimentamos una interrupción, se crea una pausa cognitiva momentánea que nos distancia de la tarea que tenemos entre manos. Esa distancia desvía el pensamiento de un nivel de representación bajo a uno alto. Cuando se consideran soluciones intermedias, la mayor distancia psicológica también lleva a tomar decisiones basadas más en lo deseable que en lo viable. Por ejemplo, seleccionar un restaurante que hace tu comida favorita en lugar de uno que te quede más cerca de casa, o plantearte si realmente quieres comprar algo solo porque esté muy rebajado.

Las interrupciones pueden actuar como una forma de pausa que nos permita apartarnos y ver el cuadro completo, en lugar de empantanarnos en los detalles. El estudio de las interrupciones respalda el valor de pedir una pausa durante la toma de decisiones. Del mismo modo que una interrupción breve puede fomentar el pensamiento abstracto, las pausas permiten a los líderes apartarse de las exigencias inmediatas de la situación y abordar una toma de decisiones más reflexiva e intencional. La pausa genera la distancia psicológica necesaria para pasar de decisiones reactivas y cargadas emocionalmente a otras más estratégicas y de largo plazo. Este hecho subraya la importancia de pedir una pausa no solo como un elemento táctico, sino también como una herramienta cognitiva que modifica nuestra mentalidad, nos conduce a una claridad mayor y mejora el ejercicio del liderazgo.

ESTRATEGIA 4: Pide la pausa oralmente, o con una señal o un símbolo. Reúnete con tu equipo, acordad cómo os gustaría expresar la necesidad de hacer una pausa y luego usad la forma escogida de manera sistemática. Pedid la pausa siempre que sea necesaria.

En 2023, Edwin Castro ganó el mayor bote de la historia de la lotería en Estados Unidos, 2.040 millones de dólares, tras haber comprado tres billetes de dos dólares cada uno. Optó por un solo pago que, tras deducir los impuestos, se quedó en 628,5 millones. Es una cantidad enorme. Invertida al 5 %, le habría reportado 30 millones al año. ¿Qué hizo Castro con el dinero? Pues se fue de vacaciones a Fiji y compró unos coches muy veloces (y caros) y tres mansiones: una de 25 millones, otra de 47 y otra de 4 (vale, era para sus padres). En un artículo de la revista *Fortune*, Paul Karger, asesor financiero de multimillonarios, dice que Castro debería «calmarse. No tomar ninguna decisión importante o meterse en compromisos significativos. Dejar que las cosas se asienten».[4] Dicho con otras palabras, hacer una pausa.

Decide la dimensión del distanciamiento

Hemos hablado de tres dimensiones del distanciamiento: ser otra persona, estar en otro lugar y estar en otro tiempo. Están todas ligadas y se refuerzan mutuamente. Estar en otro tiempo refuerza estar en otro lugar, y las dos invitan a ser otra persona. Todas las dimensiones del distanciamiento tienen un efecto similar sobre el nivel de representación mental, la perspectiva y la capacidad de tomar decisiones. Sin embargo, alguna podría encajar mejor que otra en ciertas coyunturas.

Por los tipos de situaciones que usan los investigadores, podemos inferir cuál podría ser mejor opción en según qué circunstancias. En la situación estresante de Hathaway, ser otra persona. En la encrucijada de Moore y Grove, también: convertirse en las personas que los sustituirían. El distanciamiento espacial, por otro lado, ayuda a tomar decisiones cuando hay sobrecarga de información. Tiene un elemento visual que también ha demostrado ser de ayuda en situaciones difíciles en las que proyectarnos mentalmente a otro lugar (un balcón, un piso más alto, la cima de una montaña, el espacio exterior) puede ayudarnos a adoptar la perspectiva del cuadro completo. Si la situación o la decisión parecen apremiantes, podría convenirnos el distanciamiento temporal. Aclárate la mente y evita el arrepentimiento que podrías llegar a sentir proyectándote a horizontes temporales próximos o de medio o largo plazo; desde allí, vuelve a examinar la situación. Conviértete en el «tipo de la mañana». Escribe tu obituario.

El propósito de pedir una pausa no es solo tomarse un descanso. La solicitamos a fin de darnos espacio para decidir la siguiente jugada. Nos desligamos de la situación para decidir qué dimensión del distanciamiento usar con el objeto de adoptar la perspectiva necesaria, la que sea correcta para la situación o la decisión. Luego escogemos una técnica: ileísmo, irnos al palco, alejar el zoom, ponernos en la piel de nuestro yo del futuro. Nos convertimos en nuestro consejero, nos aconsejamos a nosotros mismos. Luego volvemos a la situación y ejecutamos la acción que corresponda.

ESTRATEGIA 5: Elige la jugada. Elige la dimensión del distanciamiento: ser otra persona, desplazarte a otro lugar o ir a otro tiempo.

CÓMO DETENER EL TIEMPO

1. **Haz que la pausa sea posible.** Integra la pausa en la cultura de tu empresa u organización. Normaliza que se pida una pausa inculcando esta conducta en tu equipo.

2. **Reconoce la situación.** Toma nota de las situaciones estresantes que has vivido en el pasado y que te han llevado al estado centrado en ti mismo. Ve haciendo una lista.

3. **Reconoce tus pistas.** Sintoniza con los indicadores físicos y emocionales que te llevan a ponerte a la defensiva. Así te será más fácil anticiparte para que el consejero pida una pausa y te dé la oportunidad de apartarte, desconectar y luego retomar la situación que tenías entre manos.

4. **Pide la pausa oralmente, o con una señal o un símbolo.** Usa la expresión que hayas acordado para pedir una pausa. Podría ser tan simple como: «Necesito una pausa».

5. **Elige la jugada.** Elige la dimensión del distanciamiento: de ti mismo, espacial o temporal.

RESUMEN

Tanto si se trata de un mensaje con el que te juegas 50 millones de dólares como de una conversación que se está torciendo con un miembro del equipo, a veces lo mejor es hacer una pausa. Sopla el silbato para pedir tiempo muerto y conviértete en consejero. Luego aplica una de las técnicas de distanciamiento: de ti mismo, espacial o temporal. Elige la que prefieras o la que mejor se adapte a la situación. Cualquiera de estas herramientas será mejor que nada. Pero, por supuesto, todo depende de que tengas la capacidad de hacer una pausa en primer lugar, lo que requiere cierta práctica a la hora de identificar los tipos de situaciones o factores que te empujan a sumirte en ti mismo. Dado que la perspectiva centrada en uno mismo es nuestro estado por defecto, hay que elegir intencionadamente una perspectiva distanciada. Para ello, necesitamos primero hacer una pausa en medio de la acción. Saber cuándo hay que hacerla es, por tanto, igual de crucial que saber cómo distanciarse.

Conclusión

> Desde luego, me he dado cuenta de que la distancia da perspectiva y de que a menudo escribo mejor sobre un lugar cuando me he alejado un poco de él. El bosque puede abrumarnos tanto que nos impida ver los árboles.
>
> Louis L'Amour,
> *Education of a Wandering Man*

Ser otra persona. Estar en otro lugar. Estar en otro tiempo. Cuando nos salimos de nosotros mismos para crear distancia, el punto de vista cambia inmediatamente. Resulta asombroso hasta qué punto esta sencilla manipulación mental nos da la capacidad de ver la realidad y a nosotros mismos con más claridad. Podemos convertirnos en nuestro propio consejero gracias a esta nueva perspectiva y, desde ella, aconsejarnos. Al ponernos en la piel de otra persona accedemos a la mirada fresca y sin sesgos de un observador imparcial, y nos despojamos de los efectos disfuncionales del ego que se manifiestan cuando estamos atascados en una perspectiva solo centrada en nosotros mismos. Aplica la técnica de convertirte en otra persona en situaciones en las que se ponga en juego tu identidad o cuando no puedas dejar de rumiar sobre un hecho del pasado.

Al reubicarnos mentalmente, nuestro nuevo punto de vista nos aporta un contexto mayor, por lo que somos capaces de ver el cuadro completo. Vemos lo esencial. Podemos centrarnos en lo que es importante sin que nos distraigan los detalles. También nos vemos como una mera pieza de la acción, como cualquier otra persona. Nuestro inflado ego se desinfla. Desplázate mentalmente a otro lugar en situaciones en las que haya un exceso de información, te hayas enredado en ciertos detalles o te estés obsesionando con tu imagen.

Cuando viajamos al futuro y luego miramos atrás, reformulamos de manera natural las decisiones en términos de arrepentimiento y oportunidades perdidas, en lugar de sentir miedo al cambio, lo que nos invita a vivir una vida más plena. Desplázate a otro tiempo cuando la inercia de la comodidad con el *statu quo* supere a los pensamientos de cambio, cuando te abrume la aversión al riesgo, cuando estés planificando el futuro o cuando tomes decisiones trascendentales.

Autodistanciarte mentalmente convirtiéndote en otra persona, o desplazándote a otro lugar o a otro tiempo, eleva el pensamiento. Te lleva a centrarte en un propósito y un sentido superiores, en lugar de en los tediosos detalles del proceso de ejecución. Te hace considerar estratégicamente el «qué», el «porqué» y el «si», en lugar de quedarte estancado en el «cómo». Te convierte en tu yo más auténtico, al hacer que tus actos entren en consonancia con tus valores, y poner al descubierto las excusas que te das por conveniencia. Te acerca más a tu yo ideal y te hace aspirar a ser mejor persona.

Una vez que entendamos estas tres dimensiones y practiquemos las distintas técnicas, veremos que no existen por separado, que están interconectadas y se refuerzan entre sí. No podemos, por ejemplo, reubicarnos mentalmente sin sentir, en cierto modo, que nos hemos convertido en otra persona. Además, en la propia noción de viajar en el tiempo se entiende que ya no veremos el mundo desde nuestra perspectiva, sino que lo miraremos desde el punto de vista de otro. Por algo George Lucas abría la película *La guerra de las galaxias* con la frase «Hace mucho tiempo en una galaxia muy lejana», en lugar de «Hace mucho tiempo en una galaxia cercana»: quería transportar al público a un mundo completamente nuevo. El cerebro vincula estas dimensiones: la idea de estar lejos en el espacio se asemeja a la de estar lejos en el tiempo, y viceversa.

Estas dimensiones trabajan en sintonía para ayudarnos a alcanzar la perspectiva del consejero, e imaginar que estamos en su piel puede activar las tres a la vez. Con el tiempo y con práctica, podremos salir más fácilmente del estado centrado en nosotros mismos y adoptar una perspectiva distanciada donde se haya generado el espacio necesario para ver claramente y tomar mejores decisiones.

Para convertirte en consejero, puede que te resulte útil afianzar en la mente una imagen de esa personalidad separada en la que te convertirás. El consejero vela por tus intereses y quiere que ganes, pero permanece tranquilo y objetivo. Te apoya, pero es sincero. Te anima a que logres tus metas, pero también te dice lo que necesitas oír. Te ve solo como la parte de un equipo, e incluso como una parte aún más pequeña de un contexto mayor. La perspectiva de observador del consejero implica que no te estancarás en defender y justificar por qué hiciste la última jugada como la hiciste. Dejarás atrás lo que ya no te sirva. Pase lo que pase, el consejero siempre trata de averiguar qué hacer a continuación. Se centra en ir hacia delante. Al ponerte en la piel de esta figura, aprenderás más, rendirás mejor y tomarás mejores decisiones para ti mismo, tu equipo y tu organización. Mejor aún, podrás ayudar a los demás a hacer lo mismo.

Agradecimientos

Queremos dar las gracias a todos los expertos a quienes hemos consultado, a las personas que nos han apoyado y a quienes nos han contado historias y nos han hecho críticas. Todos ellos han ayudado a dar forma a las ideas de este libro y han aportado claridad y orden a la visión que teníamos de esta obra como una guía que pudiera resultar útil para tomar decisiones tanto a personas que se encuentren en un puesto de liderazgo como a cualquiera que aspire a vivir una vida más plena.

Nos gustaría dar las gracias al equipo de Portfolio/Penguin Random House, incluidos Adrian Zackheim, que creyó en nuestro proyecto, y nuestra editora Casey Ebro, que revisó con diligencia las muchas versiones del manuscrito.

Queremos expresar nuestro agradecimiento especialmente a todos aquellos que nos han hablado de sus experiencias con el distanciamiento (o sin él), incluidos Bob Reeves, Benton Ford, Burak Alici, Ethan Kross, Gareth Holebrook, George Kohlrieser, Jan Hagen, Jennifer Gillespie, Jennifer Pierce, Jeremy Snape, Jim Dryburgh, Kim Harrison, Maciej Trybulec, Mark Hodges, Peter Russian, Phill Zdybel, Shane Mac, Steve Prevaux y Thiri Holebrook. Todos ellos aportaron una orientación crucial al principio del proyecto, lo que centró nuestros esfuerzos en el efecto psicológico del distanciamiento y el poder de la figura del consejero.

Los estudiantes de Mike y los asistentes a sus talleres cambiaron su modo de abordar el estudio de la razón y lo ayudaron a perfeccionar algunos de los ejemplos de este libro. Los contactos de David en LinkedIn y los temas de sus discursos inaugurales nos han aportado asimismo material muy variado.

Por último, queremos darles las gracias también a nuestras respectivas familias, que sufrieron nuestra falta de atención y nuestros madrugones para que pudiésemos llegar a la meta con este proyecto.

Notas

Introducción

1. L. David Marquet, *Turn the Ship Around!*, Portfolio, 2013. [Hay trad. cast.: *Cambia el barco de rumbo*, Barcelona, Conecta, 2016].

2. L. David Marquet, *Leadership Is Language*, Portfolio, 2021.

3. Alina Dizik, «The Relationship Between Corporate Culture and Performance», *The Wall Street Journal*, 21 de febrero de 2016, <wsj.com/articles/the-relationship-between-corporate-culture-and-performance-1456110320>.

1. El yo centrado en sí mismo

1. National Transportation Safety Board, (NTSB), *Descent Below Visual Glidepath and Impact with Seawall Asiana Airlines Flight 214, Boeing 777-200ER, HL7742 San Francisco, California July 6, 2013*, Aircraft Accident Report NTSB/AAR-14/01, Washington, DC, 2014.

2. Mark R. Leary, *The Curse of the Self: Self-Awareness, Egotism and the Quality of Human Life*, Oxford University Press, 2007.

3. Theo Von, *This Past Weekend with Theo Von*, pódcast, episodio 460, «Jordan Peterson», 29 de agosto de 2023, 2:20:03, <podcasts.apple.com/us/podcast/jordan-peterson/id1190981360?i=1000626052367>.

4. Mark R. Leary, «Motivational and Emotional Aspects of the Self»,

Annual Review of Psychology, vol. 58 (enero de 2007), pp. 317-344, <doi. org/10.1146/annurev.psych.58.110405.085658>.

5. Jonathan Haidt, *The Righteous Mind: Why Good People Are Divided by Politics and Religion*, Vintage Books, 2012. [Hay trad. cast.: *La mente de los justos*, Vizcaya, Deusto, 2019].

6. Daniel Kahneman, *Thinking, Fast and Slow*, Farrar, Straus and Giroux, 2011. [Hay trad. cast.: *Pensar rápido, pensar despacio*, Barcelona, Debolsillo, 2021].

7. Margaret Heffernan, *Willful Blindness: Why We Ignore the Obvious at Our Peril*, Anchor Canada, 2012.

8. Binyamin Cooper *et al.*, «Trapped by a First Hypothesis: How Rudeness Leads to Anchoring», *Journal of Applied Psychology*, vol. 107, n.º 3 (marzo 2022), pp. 481-502, <doi.org/10.1037/apl0000914>.

9. Geoff MacDonald y Mark R. Leary, «Why Does Social Exclusion Hurt? The Relationship Between Social and Physical Pain», *Psychological Bulletin*, vol. 131, n.º 2 (2005), pp. 202-223, <doi.org/10.1037/0033-2909.131.2.202>.

10. John Hook, «Affective Neuroscience: Jaak Panksepp's "Rat Tickling Theory of Emotion"», *BJPsych Advances* (2024), pp. 1-4, <doi. org/10.1192/bja.2023.71>.

11. Barbara H. Herman y Jaak Panksepp, «Effects of Morphine and Naloxone on Separation Distress and Approach Attachment: Evidence for Opiate Mediation of Social Affect», *Pharmacology Biochemistry and Behavior*, vol. 9, n.º 2 (agosto de 1978), pp. 213-220, <doi.org/10.1016/0091-057(78)90167-3>.

12. Nathan C. DeWall *et al.*, «Acetaminophen Reduces Social Pain: Behavioral and Neural Evidence», *Psychological Science*, vol. 21, n.º 7 (2010), pp. 931-937, <doi.org/10.1177/0956797610374741>.

13. Zhansheng Chen *et al.*, «When Hurt Will Not Heal: Exploring the Capacity to Relive Social and Physical Pain», *Psychological Science*, vol. 19, n.º 8 (agosto 2008), pp. 789-795, <doi.org/10.1111/j.1467-280.2008.02158.x>.

14. Andrey Anikin *et al.*, «Do Some Languages Sound More Beautiful than Others?», *Proceedings of the National Academy of Sciences of the United States of America*, vol. 120, n.º 17 (17 de abril de 2023), <doi.org/10.1073/pnas.2218367120>.

15. Brad Barber *et al.*, «Learning Fast or Slow?», *SSRN Electronic Journal* (2014), <doi.org/10.2139/ssrn.2535636>.

16. Derek Horstmeyer, «When Investors Do the Most Harm with Market Timing», *The Wall Street Journal*, 5 de mayo de 2023, <wsj.com/articles/investingmarket-timing-ad3c230a>.

17. Jason Zweig, «Want to Beat the Stock Market? Avoid the Cost of "Being Human"», *The Wall Street Journal*, 14 de abril de 2023, <wsj.com/articles/active-vs-passive-index-fund-beat-the-stock-market-8e8bd83>.

18. Charles Rotblut, «Is the AAII Sentiment Survey a Contrarian Indicator?», *AAII (American Association of Individual Investors) Journal*, junio de 2013, <aaii.com/journal/article/is-the-aii-sentiment-survey-a-contrarian-indicator>.

19. Jason Zweig, «Mirror, Mirror on the Wall, Who Knew That Stocks Would Fall?», *The Wall Street Journal*, 16 de diciembre de 2022, <wsj.com/articles/hindsight-bias-investing-1671206329>.

20. Ola Svenson, «Are We All Less Risky and More Skillful Than Our Fellow Drivers?», *Acta Psychologica*, vol. 47, n.º 2 (febrero de 1981), pp. 143-148, <doi.org/10.1016/0001-6918(81)90005-6>.

2. EL YO DISTANCIADO

1. Andrew S. Grove y Gordon E. Moore, *1985 Intel Corporation Annual Report*, 1985.

2. Andrew S. Grove, *Only the Paranoid Survive*, Crown Currency, 1999, p. 88.

3. *Ibid.*, p. 89.

4. «Yaacov Trope, Professor of Psychology, Research», New York University, <as.nyu.edu/ faculty/yaacov-rope.html>.

5. Nira Liberman y Yaacov Trope, «The Role of Feasibility and Desirability Considerations in Near and Distant Future Decisions: A Test of Temporal Construal Theory», *Journal of Personality and Social Psychology*, vol. 75, n.º 1 (1998), pp. 5-18, <doi.org/10.1037/0022-514.75.1.5>.

6. Grove, *Only the Paranoid Survive, op. cit.*, p. 92.

7. Smriti, «What Happened to Digital Equipment Corporation?», *InspireIP*, blog, 2 de febrero de 2024, <inspireip.com/what-happened-to-digital-equipment-corporation/>.

8. Atul Gawande, «Personal Best», *The New Yorker*, 3 de octubre de 2011, <newyorker.com/magazine/2011/10/03/personal-best>.

3. CONVERTIRSE EN CONSEJERO

1. Francois Brochet *et al.*, «CEO Tenure and Firm Value», *The Accounting Review*, vol. 96, n.º 6 (1 de noviembre de 2021), pp. 47-71, <doi.org/10.2308/tar-019-0295>.

2. Emma Goldberg, «The CEOs Who Just Won't Quit: What Happens to a Company —and the Economy— When the Boss Refuses to Retire?», *The New York Times*, 9 de mayo de 2024, <nytimes.com/2024/05/09/magazine/forever-ceos.html>.

3. Donald C. Hambrick y Gregory D. S. Fukutomi, «The Seasons of a CEO's Tenure», *Academy of Management Review*, vol. 16, n.º 44 (1 de octubre de 1991), pp. 719-742, <doi.org/10.5465/amr.1991.4279621>.

4. Harper Lee, *To Kill a Mockingbird*, J. B. Lippincott, 1960. [Hay trad. cast.: *Matar a un ruiseñor*, Barcelona, Lumen, 2025].

5. Emily Pronin, «How We See Ourselves and How We See Others», *Science*, vol. 320, n.º 5880 (2008), pp. 1177-1180, <doi.org/10.1126/science.1154199>.

6. Michael Ross y Fiore Sicoly, «Egocentric Biases in Availability and Attribution», *Journal of Personality and Social Psychology*, vol. 37, n.º 3 (1979), pp. 322-336, <doi.org/10.1037/0022-514.37.3.322>.

7. Elyssa M. Barrick *et al.*, «The Unexpected Social Consequences of

Diverting Attention to Our Phones», *Journal of Experimental Social Psychology*, vol. 101 (julio de 2022), p. 104344, <doi.org/10.1016/j.jesp.2022.104344>.

8. Beyoncé, «Beyoncé on Her Alter Ego, Sasha Fierce», entrevista con Oprah Winfrey, *The Oprah Winfrey Show*, Oprah Winfrey Network (OWN), 17 de agosto de 2019, <youtube.com/watch?v=4AF5G8vCl9w>.

9. Rachel E. White *et al.*, «The "Batman Effect": Improving Perseverance in Young Children», *Child Development*, vol. 88, n.º 5 (2016), pp. 1563-1571, <doi.org/10.1111/cdev.12695>.

10. Albert Costa *et al.*, «Piensa Twice: On the Foreign Language Effect in Decision Making», *Cognition*, vol. 130, n.º 2 (2014), pp. 236-254, <doi.org/10.1016/j.cognition.2013.11.010>.

11. Morgan Gianola *et al.*, «Does Pain Hurt More in Spanish? The Neurobiology of Pain Among Spanish-English Bilingual Adults», *Social Cognitive and Affective Neuroscience*, vol. 19, n.º 1 (2024), <doi.org/.1093/scan/nsad074>.

12. Annie Duke, *Quit: The Power of Knowing When to Walk Away*, Penguin Publishing Group, 2022, p. 188. [Hay trad. cast.: *¡Abandona! El poder de saber cuándo retirarse a tiempo*, Barcelona Alienta, 2024].

13. Igor Grossmann y Ethan Kross, «Exploring Solomon's Paradox: Self-Distancing Eliminates the Self-Other Asymmetry in Wise Reasoning About Close Relationships in Younger and Older Adults», *Psychological Science*, vol. 25, n.º 88 (10 de junio de 2014), pp. 1571-1580, <doi.org/10.1177/0956797614535400>.

4. Hablar como consejero

1. Ethan Kross, *Chatter: The Voice in Our Head, Why It Matters, and How to Harness It*, Crown, 2021. [Hay trad. cast.: *Cháchara*, Barcelona, Paidós, 2021].

2. Ethan Kross *et al.*, «Self-talk as a Regulatory Mechanism: How You Do It Matters», *Journal of Personality and Social Psychology*, vol. 106, n.º 2 (2014), pp. 304-324, <doi.org/10.1037/a0035173>.

3. Olivia Sappenfield *et al.*, *National Survey of Children's Health Adolescent Mental and Behavioral Health, 2023*, HRSA Maternal and Child Health Bureau report, octubre de 2024, <mchb.hrsa.gov/sites/default/files/mchb/data-research/nsch-data-brief-adolescent-mental-behavioral-health-2023.pdf>.

4. Ethan Kross y Özlem Ayduk, «Chapter Two — Self-Distancing: Theory, Research, and Current Directions», *Advances in Experimental Social Psychology*, vol. 55 (2017), pp. 81-136, <doi.org/10.1016/bs.aesp.2016.10.002>.

5. Brooks Barnes, «Jennifer Lawrence Has No Appetite for Playing Fame Games», *The New York Times*, 9 de septiembre de 2015, <nytimes.com/2015/09/13/movies/jennifer-lawrence-has-no-appetite-for-playing-fame-games.html>.

6. Jake Coyle, «Q&A: Jackman, Hathaway Dream a Dream in "Les Miz"», *The Seattle Times*, 14 de diciembre de 2012, <seattletimes.com/entertainment/qa-jackman-hathaway-dream-a-dream-in-les-miz>.

7. Rachel Tillman, «Simone Biles Reflects on Decision to Pull Out of Olympics: "It Was Too Much"», Spectrum News NY1, 28 de septiembre de 2021, <ny1.com/nyc/all-boroughs/news/2021/09/28/simone-biles-opens-up-tokyo-olympics-decision>.

8. Emily J. Oliver *et al.*, «The Effects of Autonomy-Supportive Versus Controlling Environments on Self-Talk», *Motivation and Emotion*, vol. 32, n.º 3 (2008), pp. 200-212, <doi.org/10.1007/s11031-008-9097-x>.

9. Leehyun Yoon *et al.*, «Hooked on a Thought: Associations Between Rumination and Neural Responses to Social Rejection in Adolescent Girls», *Developmental Cognitive Neuroscience*, vol. 64 (diciembre de 2023), p. 101320, <doi.org/10.1016/j.dcn.2023.101320>.

10. Nancy Armour, «Simone Biles Wins Something More Important Than Medals at World Championships», *USA Today*, 8 de octubre de 2023, <usatoday.com/story/sports/columnist/nancy-armour/2023/10/08/simone-biles-world-championships-peace-of-mind/71111240007/>.

11. Celina R. Furman *et al.*, «Distanced Self-Talk Enhances Goal

Pursuit to Eat Healthier», *Clinical Psychological Science*, vol. 8, n.º 2 (3 de marzo de 2020), pp. 366-373, <doi.org/10.1177/2167702619896366>.

12. Paul Rand, «The Science Behind Forming Better Habits, with Katy Milkman», *Big Brains Podcast*, University of Chicago Podcast Network, episodio 66, 9 de septiembre de 2021, <big-brains.simplecast.com/episodes/the-science-behind-forming-better-habits-with-katy-milkman-57ESaD_G>.

13. Phillippa Lally *et al.*, «How Are Habits Formed: Modelling Habit Formation in the Real World», *European Journal of Social Psychology*, vol. 40, n.º 6 (2010), pp. 998-1009, <doi.org/10.1002/ejsp.674>.

14. Martin Hyde, «Opinion: Martin Hyde Apologizes for Confrontation with Sarasota Police Officer», *Sarasota Herald-Tribune*, 25 de febrero de 2022, <heraldtribune.com/story/opinion/columns/guest/2022/02/25/former-candidate-martin-hyde-apologizes-after-video-confrontation-threat-sarasota-officer/6936662001>.

15. Allyson Henning, «"I Tried to Bully Her": Sarasota Candidate Threatens to End Officer's Career During Traffic Stop, Apologizes», WFLA News Channel 8, 23 de febrero de 2022, <wfla.com/news/sarasota-county/sarasota-candidate-threatens-to-end-officers-career-during-traffic-stop-apologizes-for-belligerent-and-rude-behavior>.

16. Martin Hyde, «"I Tried to Bully Her": Sarasota Candidate Threatens to End Officer's Career During Traffic Stop, Apologizes», grabado por la cámara corporal de la agente Julia Beskin, vídeo, 14 de febrero de 2022, publicado el 23 de febrero de 2022 por WFLA News Channel 8, YouTube, 16 min, 29 s, <youtube.com/watch?v=SunGGUktKok>.

17. Lindsey Streamer *et al.*, «Not I, but She: The Beneficial Effects of Self-Distancing on Challenge/Threat Cardiovascular Responses», *Journal of Experimental Social Psychology*, vol. 70 (mayo 2017), pp. 235-241, <doi.org/10.1016/j.jesp.2016.11.008>.

18. Jason S. Moser *et al.*, «Third-Person Self-Talk Facilitates Emotion Regulation Without Engaging Cognitive Control: Converging Evidence from ERP and fMRI», *Scientific Reports*, vol. 7, n.º 4519 (2017), <doi.org/10.1038/s41598-017-04047-3>.

19. Igor Grossmann *et al.*, «Training for Wisdom: The Distanced-Self-Reflection Diary Method», *Psychological Science*, vol. 32, n.º 3 (2021), pp. 381-394, <doi.org/10.1177/0956797620969170>.

20. Ethan Zell *et al.*, «Splitting of the Mind: When the *You* I Talk to Is Me and Needs Commands», *Social Psychological and Personality Science*, vol. 3, n.º 5 (2012), pp. 549-555, <doi.org/10.1177/1948550611430164>.

21. James Hardy *et al.*, «To Me, to You: How You Say Things Matters for Endurance Performance», *Journal of Sports Sciences*, vol. 37, n.º 18 (2019), pp. 2122-2130, <doi.org/10.1080/02640414.2019.1622240>.

5. ESTAR EN EL PALCO

1. William Ury, discurso «Go to the Balcony», ceremonia de graduación del Dawson College, Montreal, 2016, <williamury.com/nowithcon victionizbedathanyes2plz/wp-content/uploads/Dawson_graduation_ speech.pdf>.

2. *Ibid.*

3. Binyamin Cooper *et al.*, «Trapped by a First Hypothesis: How Rudeness Leads to Anchoring», *Journal of Applied Psychology*, vol. 107, n.º 3 (10 de junio de 2021), pp. 481-502, <doi.org/10.1037/apl0000914>.

4. Özlem Ayduk y Ethan Kross, «Enhancing the Pace of Recovery: Self-Distance Analysis of Negative Experiences Reduces Blood Pressure Reactivity», *Psychological Science*, vol. 19, n.º 3 (1 de marzo de 2008), pp. 229-231, <doi.org/10.1111/j.1467-9280.2008.02073.x>.

5. Dominik Mischkowski *et al.*, «Flies on the Wall Are Less Aggressive: Self-Distancing "in the Heat of the Moment" Reduces Aggressive Thoughts, Angry Feelings and Aggressive Behavior», *Journal of Experimental Social Psychology*, vol. 48, n.º 5 (septiembre de 2012), p. 1187, <doi.org/10.1016/j.jesp.2012.03.012>.

6. Ethan Kross y Özlem Ayduk, «Facilitating Adaptive Emotional Analysis: Distinguishing Distanced-Analysis of Depressive Experiences from Immersed-Analysis and Distraction», *Personality and Social*

Psychology Bulletin, vol. 34, n.º 7 (9 de mayo de 2008), pp. 924-938, <doi. org/10.1177/0146167208315938>.

7. James Clear, *Atomic Habits: Tiny Changes, Remarkable Results: An Easy and Proven Way to Build Good Habits and Break Bad Ones*, Penguin Random House, 2018. [Hay trad. cast.: *Hábitos atómicos*, Barcelona, Diana, 2020].

8. Atul Gawande, «Want to Get Great at Something? Get a Coach», TED Talk, Vancouver, abril de 2017, 16 min, 36 s, <ted.com/talks/atul_ gawande_want_to_get_great_at_something_get_a_coach>.

9. *Idem*, «Personal Best», *The New Yorker*, 3 de octubre de 2011, <new yorker.com/magazine/2011/10/03/personal-best>.

10. Josh Waitzkin, *The Art of Learning: An Inner Journey to Optimal Performance*, Simon and Schuster, 2008. [Hay trad. cast.: *El arte de aprender*, Barcelona, Urano, 2007].

11. «Edgar Mitchell's Strange Voyage», *People*, 8 de abril de 1974, <people.com/archive/edgar-mitchells-strange-voyage-vol-1-no-6>.

12. Quentin Dercon *et al.*, «A Core Component of Psychological Therapy Causes Adaptive Changes in Computational Learning Mechanisms», *Psychological Medicine*, vol. 54, n.º 2 (8 de junio de 2023), pp. 327-337, <doi. org/10.1017/s0033291723001587>.

13. Daniel Yudkin y Tessa West, «How to Tell If You're the Office Jerk», *The Wall Street Journal*, 11 de junio de 2023, <wsj.com/articles/ office-jerk-how-to-tell-9f69a49f>.

6. VER EL CUADRO COMPLETO

1. Jun Fukukura *et al.*, «Psychological Distance Can Improve Decision Making Under Information Overload via Gist Memory», *Journal of Experimental Psychology General*, vol. 142, n.º 3 (2012), pp. 658-665, <doi. org/10.1037/a0030730>.

2. *Ibid.*

3. Marlone D. Henderson, «Mere Physical Distance and Integrative

Agreements: When More Space Improves Negotiation Outcomes», *Journal of Experimental Social Psychology*, vol. 47, n.º 1 (2010), pp. 7-15, <doi.org/10.1016/j.jesp.2010.07.011>.

4. National Aeronautics and Space Administration (NASA), «The Challenger STS-51L Accident», consultado el 18 de junio de 2024, <nasa.gov/challenger-sts-51L-accident>.

5. House of Representatives, Committee on Science and Technology, *Investigation of the Challenger Accident*, 99th Cong. 2nd Sess., H.R. Rep., n.º 99-1016, Government Printing Office, 1986, <govinfo.gov/content/pkg/GPO-CRPT-99hrpt1016/pdf/GPO-CRPT-99hrpt1016.pdf>.

6. Simon Lambrey *et al.*, «Imagining Being Somewhere Else: Neural Basis of Changing Perspective in Space», *Cerebral Cortex*, vol. 22, n.º 1 (2012), pp. 166-174, <doi.org/10.1093/cercor/bhr101>.

7. Marina Hyde, «Are We There Yet? Soon We'll All Be on a Road to Nowhere», *The Guardian*, 3 de septiembre de 2010, <theguardian.com/commentisfree/2010/sep/03/china-traffic-jam-road-to-nowhere>.

8. Pankaj Aggarwal y Min Zhao, «Seeing the Big Picture: The Effect of Height on the Level of Construal», *Journal of Marketing Research*, vol. 52, n.º 1 (2015), pp. 120-133, <doi.org/10.1509/jmr.12.0067>.

7. SER TU YO DEL FUTURO

1. Jeff Bezos, «Jeff Bezos Speaks at Amazon India Event», NDTV Profit, emitido en directo el 15 de enero de 2020, vídeo de YouTube, 25:57, <youtube.com/watch?v=jzfXlg-yUU>.

2. AMZ Scout, «Amazon Statistics: Key Numbers and Fun Facts», consultado el 31 de julio de 2024, <amzscout.net/blog/amazon-statistics>.

3. Hal Hershfield, «The Benefits of Getting to Know Your Future Self», *The Wall Street Journal*, 17 de junio de 2023, <wsj.com/articles/the-benefits-of-getting-to-know-your-future-self-d3246744>.

4. Hal Hershfield, *Your Future Self: How to Make Tomorrow Better*

Today, Hachette UK, 2023. [Hay trad. cast.: *Tu yo del futuro*, México, Paidós, 2025].

5. Bronnie Ware, *The Top Five Regrets of the Dying: A Life Transformed by the Dearly Departing*, Hay House, 2011. [Hay trad. cast.: *Los cinco mandamientos para tener una vida plena*, Barcelona, Debolsillo, 2013].

6. Charles Dickens, *A Christmas Carol*, Chapman & Hall, 1843. [Hay trad. cast.: «Canción de Navidad», *Cuentos de Navidad*, Barcelona, Penguin Clásicos, 2020].

7. Saurabh Bhargava y Lynn Conell-Price, «Serenity Now, Save Later? Evidence on Retirement Savings Puzzles from a 401(K) Field Experiment», *SSRN* (13 de marzo de 2022), <dx.doi.org/10.2139/ssrn.4056407>.

8. Peter Coy, «Why Do So Many Americans Pass Up Bigger Social Security Checks?», *The New York Times*, 11 de noviembre de 2024, <nytimes.com/2024/11/11/opinion/social-security-age.html>.

9. Jens Agerström y Fredrik Björklund, «Temporal Distance and Moral Concerns: Future Morally Questionable Behavior Is Perceived as More Wrong and Evokes Stronger Prosocial Intentions», *Basic and Applied Social Psychology*, vol. 31, n.º 1 (2009), pp. 49-59, <doi.org/10.1080/01973530802659885>.

10. Dan Ariely y Klaus Wertenbroch, «Procrastination, Deadlines y Performance: Self-control by Precommitment», *Psychological Science*, vol. 13, n.º 3 (2002), pp. 219-224, <doi.org/10.1111/1467-9280.00441>.

11. Yuta Chishima y Anne E. Wilson, «Conversation with a Future Self: A Letter- Exchange Exercise Enhances Student Self-Continuity, Career Planning and Academic Thinking», *Self and Identity*, vol. 20, n.º 5 (2021), pp. 646-671, <doi.org/10.1080/15298868.2020.1754283>.

12. Hal Hershfield, «The Benefits of Getting to Know Your Future Self», *The Wall Street Journal*, 17 de junio de 2023, <wsj.com/articles/the-benefits-of-getting-to-know-your-future-self-d3246744>.

13. Hal Hershfield *et al.*, «Increasing Saving Behavior Through Age-Progressed Renderings of the Future Self», *Journal of Marketing Research*, vol. 48, SPL (2011), pp. S23-S37, <doi.org/10.1509/jmkr.48.SPL.S23>.

14. Mark R. Leary, *The Curse of the Self: Self-Awareness, Egotism and the Quality of Human Life*, Oxford University Press, 2007.

15. Katherine L. Christensen *et al.*, «Back to the Present: How Direction of Mental Time Travel Affects Perceptions of Similarity over Time and Saving Behavior», *Journal of Consumer Research*, vol. 51, n.º 4 (2024), pp. 761-774, <doi.org/10.1093/jcr/ucae029>.

16. Benjamin Hardy, «Who Will You Be in 10 Years? Not Who You Expect», *Psychology Today*, 24 de mayo de 2022, <psychologytoday.com/us/blog/quantum-leaps/202205/who-will-you-be-in-10-years-not-who-you-expect>.

17. Jennifer Z. Gillespie *et al.*, «The Suppression of Negative Emotions in Elder Care», *Journal of Managerial Psychology*, vol. 26, n.º 7 (2011), pp. 566-583, <doi.org/10.1108/02683941111164481>.

18. Erin Azar, @ImMrsSpaceCadet, «My number 1 tip is to PLAY IT FORWARD!», reel de Instagram, 11 de enero de 2024, <instagram.com/p/C1-x13ztv9E>.

19. Anett John y Kate Orkin, «Can Simple Psychological Interventions Increase Preventive Health Investment?», *Journal of the European Economic Association*, vol. 20, n.º 3 (junio de 2022), pp. 1001-1047, <doi.org/10.1093/jeea/jvab052>.

20. World Health Organization, «Diarrhoeal Disease», 7 de marzo de 2024, <who.int/news-room/fact-sheets/detail/diarrhoeal-disease>.

21. Lex Fridman, «Chris Voss: FBI Hostage Negotiator», *Lex Fridman Podcast*, pódcast, episodio 364, 10 de marzo de 2023, <podcasts.apple.com/us/podcast/364-chris-voss-fbi-hostage-negotiator/id1434243584?i=1000603624812>.

22. Emma Bruehlman-Senecal y Özlem Ayduk, «This Too Shall Pass: Temporal Distance and the Regulation of Emotional Distress», *Journal of Personality and Social Psychology*, vol. 108, n.º 2 (2015), pp. 356-375, <doi.org/10.1037/a0038324>.

23. Stephen R. Covey, *The 7 Habits of Highly Effective People*, Free Press, 1989. [Hay trad. cast.: *Los 7 hábitos de la gente altamente efectiva*, Barcelona, Booket, 2023].

24. Lois M. Collins, «To Arthur Brooks, the Biden Question Is About All of Us», *Deseret News*, 8 de julio de 2024, <deseret.com/family/2024/07/08/arthur-brooks-harvard-biden-running-president-retire>.

25. Annie Duke, *Quit: The Power of Knowing When to Walk Away*, Portfolio, 2022. [Hay trad. cast.: *¡Abandona! El poder de saber cuándo retirarse a tiempo*, Barcelona, Alienta, 2024].

26. Robert Waldinger y Marc Schulz, «The Lifelong Power of Close Relationships», *The Wall Street Journal*, 13 de enero de 2023, <wsj.com/articles/the-lifelong-power-of-close-relationships-11673625450>.

27. Anna Lembke, *Dopamine Nation: Finding Balance in the Age of Indulgence*, Dutton, 2023. [Hay trad. cast.: *Generación dopamina*, Madrid, Urano, 2023].

28. Marco Aurelio, *Meditations*, trad. Martin Hammond, Penguin Classics, 2014. [Hay trad. cast.: *Meditaciones*, Barcelona, Penguin Clásicos, 2025].

8. Detener el tiempo

1. Daniel Kahneman, *Thinking, Fast and Slow*, Farrar, Straus and Giroux, 2011. [Hay trad. cast.: *Pensar rápido, pensar despacio*, Barcelona, Debolsillo, 2021].

2. David Rock, «Managing with the Brain in Mind», *Strategy+Business*, n.º 56 (2009), pp. 1-10, <strategy-business.com/article/09306>.

3. Nelson B. Amaral, «How Interruptions Influence Our Thinking and the Role of Psychological Distance», *Journal of Consumer Behaviour*, n.º 20 (2020), pp. 76-88, <doi.org/10.1002/cb.1856>.

4. Paige Hagy, «The $2 Billion Powerball Winner Is Making the Worst Mistakes Financial Planners Warn People of After They Come into a Ton of Money», *Fortune*, 19 de septiembre de 2023, <fortune.com/2023/09/19/2-billion-powerball-lottery-winner-edwin-castro-financial-mistakes-advisors-warn>.

Bibliografía

Agerström, Jens, y Fredrik Björklund, «Temporal Distance and Moral Concerns: Future Morally Questionable Behavior Is Perceived as More Wrong and Evokes Stronger Prosocial Intentions», *Basic and Applied Social Psychology*, vol. 31, n.º 1 (2009), pp. 49-59, <doi.org/10.1080/019 73530802659885>.

Aggarwal, Pankaj, y Min Zhao, «Seeing the Big Picture: The Effect of Height on the Level of Construal», *Journal of Marketing Research*, vol. 52, n.º 1 (2015), pp. 120-133, <doi.org/10.1509/jmr.12.0067>.

Amaral, Nelson B., «How Interruptions Influence Our Thinking and the Role of Psychological Distance», *Journal of Consumer Behaviour*, n.º 20 (2020), pp. 76-88, <doi.org/10.1002/cb.1856>.

AMZ Scout, «Amazon Statistics: Key Numbers and Fun Facts», consultado el 31 de julio de 2024, <amzscout.net/blog/amazon-statistics>.

Anikin, Andrey, *et al.*, «Do Some Languages Sound More Beautiful Than Others?», *Proceedings of the National Academy of Sciences of the United States of America*, 120, n.º 17 (17 de abril de 2023), p. e2218367120, <doi.org/10.1073/pnas.2218367120>.

Ariely, Dan, y Klaus Wertenbroch, «Procrastination, Deadlines y Performance: Self-Control by Precommitment», *Psychological Science*, vol. 13, n.º 3 (2002), pp. 219-224.

Armour, Nancy, «Simone Biles Wins Something More Important Than Medals at World Championships», *USA Today*, 8 de octubre de 2023.

Ayduk, Özlem, y Ethan Kross, «Enhancing the Pace of Recovery: Self-is-tance Analysis of Negative Experiences Reduces Blood Pressure Re-activity», *Psychological Science*, vol. 19, n.º 3 (2008), pp. 229-231, <doi.org/10.1111/j.1467-280.2008.02073.x>.

Barber, Brad M., *et al.*, «Learning Fast or Slow?», *SSRN Electronic Journal* (9 de diciembre de 2014), <doi.org10.2139/ssrn.2535636>.

Barnes, Brooks, «Jennifer Lawrence Has No Appetite for Playing Fame Games», *The New York Times*, 9 de septiembre de 2015, <nytimes.com/2015/09/13/movies/jennifer-lawrence-has-no-appetite-for-playing-fame-games.html>.

Barrick, Elyssa M., *et al.*, «The Unexpected Social Consequences of Di-verting Attention to Our Phones», *Journal of Experimental Social Psychology*, vol. 101 (julio de 2022), p. 104344, <doi.org/10.1016/j.jesp.2022.104344>.

Bezos, Jeff, «Jeff Bezos Speaks at Amazon India Event», NDTV Profit, emitido en directo el 15 de enero de 2020, vídeo de YouTube, 25:57, <youtube.com/watch?v=jzfXlg-wyUU>.

Bhargava, Saurabh, y Lynn Conell-Price, «Serenity Now, Save Later? Evi-dence on Retirement Savings Puzzles from a 401(K) Field Experi-ment», *SSRN* (13 de marzo de 2022), <dx.doi.org/10.2139/ssrn.4056407>.

Brochet, Francois, *et al.*, «CEO Tenure and Firm Value», *The Accounting Review*, vol. 96, n.º 6 (1 de noviembre de 2021), pp. 47-71, <doi.org/10.2308/tar-019-0295>.

Bruehlman-Senecal, Emma, y Özlem Ayduk. «This Too Shall Pass: Tem-poral Distance and the Regulation of Emotional Distress», *Journal of Personality and Social Psychology*, vol. 108, n.º 2 (2015), pp. 356-375, <doi.org/10.1037/a0038324>.

Carnegie, Dale, *How to Win Friends and Influence People*, Simon and Schuster, 1936. [Hay trad. cast.: *Cómo ganar amigos e influir sobre las personas*, Barcelona, Elipse, 2003].

Chen, Zhansheng, *et al.*, «When Hurt Will Not Heal: Exploring the Capacity to Relive Social and Physical Pain», *Psychological Science*, vol. 19, n.º 8 (agosto de 2008), pp. 789-795, <doi.org/10.1111/j.1467-9280. 2008.02158.x>.

Chishima, Yuta, y Anne E. Wilson, «Conversation with a Future Self: A Letter-Exchange Exercise Enhances Student Self-Continuity, Career Planning and Academic Thinking», *Self and Identity*, vol. 20, n.º 5 (2021), pp. 646-671, <doi.org/10.1080/15298868.2020.1754283>.

Christensen, Katherine L., *et al.*, «Back to the Present: How Direction of Mental Time Travel Affects Perceptions of Similarity over Time and Saving Behavior», *Journal of Consumer Research*, vol. 51, n.º 4 (2024), pp. 761-764. <doi.org/10.1093/jcr/ucae029>.

Clear, James, *Atomic Habits: Tiny Changes, Remarkable Results: An Easy and Proven Way to Build Good Habits and Break Bad Ones*, Penguin Random House, 2018. [Hay trad. cast.: *Hábitos atómicos*, Barcelona, Diana, 2020].

Collins, Lois M., «To Arthur Brooks, the Biden Question Is About All of Us», *Deseret News*, 8 de julio de 2024, <deseret.com/family/2024/07/08/ arthur-brooks-harvard-biden-running-president-retire>.

Cooper, Binyamin, *et al.*, «Trapped by a First Hypothesis: How Rudeness Leads to Anchoring», *Journal of Applied Psychology*, vol. 107, n.º 3 (marzo de 2022), pp. 481-502, <doi.org/10.1037/apl0000914>.

Costa, Albert, *et al.*, «Piensa Twice: On the Foreign Language Effect in Decision Making», *Cognition*, vol. 130, n.º 2 (2014), pp. 236-254, <doi. org/10.1016/j.cognition.2013.11.010>.

Covey, Stephen R., *The 7 Habits of Highly Effective People*, Free Press, 1989. [Hay trad. cast.: *Los 7 hábitos de la gente altamente efectiva*, Barcelona, Booket, 2023].

Coy, Peter, «Why Do So Many Americans Pass Up Bigger Social Security Checks?», *The New York Times*, 11 de noviembre de 2024, <nytimes. com/2024/11/11/opinion/social-security-age.html>.

Coyle, Jake, «Q&A: Jackman, Hathaway Dream a Dream in "Les Miz"», *The Seattle Times*, 14 de diciembre de 2012, <seattletimes.com/enter tainment/qa-jackman-hathaway-dream-a-dream-in-les-miz>.

Dercon, Quentin, *et al.*, «A Core Component of Psychological Therapy Causes Adaptive Changes in Computational Learning Mechanisms», *Psychological Medicine*, vol. 54, n.º 2 (2023), pp. 327-337, <doi.org/10.1017/s0033291723001587>.

DeWall, C. Nathan, *et al.*, «Acetaminophen Reduces Social Pain: Behavioral and Neural Evidence», *Psychological Science*, vol. 21, n.º 7 (2010), pp. 931-937, <doi.org/10.1177/0956797610374741>.

Dickens, Charles, *A Christmas Carol*, Chapman & Hall, 1843. [Hay trad. cast.: «Canción de Navidad», *Cuentos de Navidad*, Barcelona, Penguin Clásicos, 2020].

Dizik, Alina, «The Relationship Between Corporate Culture and Performance: Researchers Find that a Positive Culture Boosts Performance, but Performance Alone Doesn't Create a Positive Culture», *The Wall Street Journal*, 21 de febrero de 2016.

Duke, Annie, *Quit: The Power of Knowing When to Walk Away*, Portfolio, 2022. [Hay trad. cast.: *¡Abandona! El poder de saber cuándo retirarse a tiempo*, Barcelona, Alienta, 2024].

«Edgar Mitchell's Strange Voyage», *People*, 8 de abril 1974, <people.com/archive/edgar-mitchells-strange-voyage-vol-1-no-6>.

Fisher, Roger, y William Ury, *Obtenga el sí*, Barcelona, Gestión 2000, 2011.

Fridman, Lex, «Chris Voss: FBI Hostage Negotiator», *Lex Fridman Podcast*, pódcast, episodio 364, 10 de marzo de 2023, <podcasts.apple.com/us/podcast/364-chris-voss-fbi-hostage-negotiator/id1434243584?i=1000603624812>.

Fukukura, Jun, *et al.*, «Psychological Distance Can Improve Decision Making Under Information Overload via Gist Memory», *Journal of Experimental Psychology General*, vol. 142, n.º 3 (2012), pp. 658-665, <doi.org/10.1037/a0030730>.

Furman, Celina R., *et al.*, «Distanced Self-Talk Enhances Goal Pursuit to Eat Healthier», *Clinical Psychological Science*, vol. 8, n.º 2 (3 de marzo de 2020), pp. 366-373, <doi.org/10.1177/2167702619896366>.

Gawande, Atul, *The Checklist Manifesto: How to Get Things Right*,

Metropolitan Books, 2009. [Hay trad. cast.: *El efecto Checklist*, Barcelona, Antoni Bosch Editor, 2011].

—, «The Coach in the Operating Room», *The New Yorker*, 26 de septiembre de 2011, <newyorker.com/magazine/2011/10/03/personal-best>.

—, «Personal Best», *The New Yorker*, 3 de octubre de 2011, <newyorker.com/magazine/2011/10/03/personal-best>.

—, «Want to Get Great at Something? Get a Coach», TED Talk, Vancouver, abril 2017, 16 min, 36 s, <ted.com/talks/atul_gawande_want_to_get_great_at_something_get_a_coach>.

Gianola, Morgan, *et al.*, «Does Pain Hurt More in Spanish? The Neurobiology of Pain Among Spanish-English Bilingual Adults», *Social Cognitive and Affective Neuroscience*, vol. 19, n.º 1 (2024), <doi.org/10.1093/scan/nsad074>.

Gillespie, Jennifer Z., *et al.*, «The Suppression of Negative Emotions in Elder Care», *Journal of Managerial Psychology*, vol. 26, n.º 7 (2011), pp. 566-583, <doi.org/10.1108/02683941111164481>.

Goldberg, Emma, «The CEOs Who Just Won't Quit: What Happens to a Company —and the Economy— When the Boss Refuses to Retire?», *The New York Times*, 9 de mayo de 2024, <nytimes.com/2024/05/09/magazine/forever-ceos.html>.

Grossman, Igor, *et al.*, «Training for Wisdom: The Distanced-Self-Reflection Diary Method», *Psychological Science*, vol. 32, n.º 3 (2021), pp. 381-394, <doi.org/10.1177/0956797620969170>.

Grossmann, Igor, y Ethan Kross, «Exploring Solomon's Paradox: Self-Distancing Eliminates the Self-Other Asymmetry in Wise Reasoning About Close Relationships in Younger and Older Adults», *Psychological Science*, vol. 25, n.º 88 (10 de junio de 2014), pp. 1571-1580, <doi.org/10.1177/0956797614535400>.

Grove, Andrew S., *Only the Paranoid Survive*, Crown Currency, 1999.

Grove, Andrew S., y Gordon E. Moore, *1985 Intel Corporation Annual Report*, 1985.

Hagy, Paige, «The $2 Billion Powerball Winner Is Making the Worst

Mistakes Financial Planners Warn People of After They Come into a Ton of Money», *Fortune*, 19 de septiembre de 2023, <fortune.com/2023/09/19/2-billion-powerball-lottery-winner-edwin-castro-financial-mistakes-advisors-warn>.

Haidt, Jonathan, *The Righteous Mind: Why Good People Are Divided by Politics and Religion*, Vintage Books, 2012. [Hay trad. cast.: *La mente de los justos*, Vizcaya, Deusto, 2019].

Hambrick, Donald C., y Gregory D. S. Fukutomi, «The Seasons of a CEO's Tenure», *Academy of Management Review*, vol. 16, n.º 4 (1 de octubre de 1991), pp. 719-742, <doi.org/10.5465/amr.1991.4279621>.

Hardy, Benjamin, «Who Will You Be in 10 Years? Someone Else», *Psychology Today*, octubre de 2022.

Hardy, James, *et al.*, «To Me, to You: How You Say Things Matters for Endurance Performance», *Journal of Sports Sciences*, vol. 37, n.º 18 (2019), pp. 2122-2130, <doi.org/10.1080/02640414.2019.1622240>.

Heffernan, Margaret, *Willful Blindness: Why We Ignore the Obvious at Our Peril*, Anchor Canada, 2012.

Henderson, Marlone D., «Mere Physical Distance and Integrative Agreements: When More Space Improves Negotiation Outcomes», *Journal of Experimental Social Psychology*, vol. 47, n.º 1 (enero de 2011), pp. 7-15, <doi.org/10.1016/j.jesp.2010.07.011>.

Henning, Allyson, «"I Tried to Bully Her": Sarasota Candidate Threatens to End Officer's Career During Traffic Stop, Apologizes», WFLA News Channel 8, 23 de febrero de 2022, <wfla.com/news/sarasota-county/sarasota-candidate-threatens-to-end-officers-career-during-traffic-stop-apologizes-for-belligerent-and-rude-behavior>.

Herman, Barbara H., y Jaak Panksepp, «Effects of Morphine and Naloxone on Separation Distress and Approach Attachment: Evidence for Opiate Mediation of Social Affect», *Pharmacology Biochemistry and Behavior*, vol. 9, n.º 2 (agosto de 1978), pp. 213-220, <doi.org/10.1016/0091-3057(78)90167-3>.

Hershfield, Hal, «The Benefits of Getting to Know Your Future Self», *The*

Wall Street Journal, 17 de junio de 2023, <wsj.com/articles/the-bene
fits-of-getting-to-know-your-future-self-d3246744>.

—, *Your Future Self: How to Make Tomorrow Better Today*, Hachette UK,
2023. [Hay trad. cast.: *Tu yo del futuro*, Barcelona, Paidós, 2025].

—, *et al.*, «Increasing Saving Behavior Through Age-Progressed Renderings of the Future Self», *Journal of Marketing Research*, vol. 48, SPL
(2011), pp. S23-S37, <doi.org/10.1509/jmkr.48.SPL.S23>.

Hook, John, «Affective Neuroscience: Jaak Panksepp's "Rat Tickling
Theory of Emotion"», *BJPsych Advances*, 2024, pp. 1-4, <doi.org/
10.1192/bja.2023.71>.

Horstmeyer, Derek, «When Investors Do the Most Harm with Market Timing», *The Wall Street Journal*, 5 de mayo de 2023, <wsj.com/articles/
investing-market-timing-ad3c230a>.

House of Representatives, Committee on Science and Technology, *Investigation of the Challenger Accident*, 99th Cong., 2nd Sess., H.R. Rep.,
n.º 99-1016, Government Printing Office, 1986, <govinfo.gov/content/
pkg/GPO-CRPT-99hrpt1016/pdf/GPO-CRPT-99hrpt1016.pdf>.

Hyde, Marina, «Are We There Yet? Soon We'll All Be on a Road to Nowhere», *The Guardian*, 3 de septiembre de 2010, <theguardian.com/com-
mentisfree/2010/sep/03/china-traffic-jam-road-to-nowhere>.

Hyde, Martin, «"I Tried to Bully Her": Sarasota Candidate Threatens to
End Officer's Career During Traffic Stop, Apologizes», grabado por
la cámara corporal de la agente Julia Beskin, vídeo, 14 de febrero de
2022, publicado el 23 de febrero de 2022 por WFLA News Channel 8,
YouTube, 16 min, 29 s, <youtube.com/watch?v=SunGGUktKok>.

—, «Opinion: Martin Hyde Apologizes for Confrontation with Sarasota
Police Officer», *Sarasota Herald-Tribune*, 25 de febrero de 2022,
<heraldtribune.com/story/opinion/columns/guest/2022/02/25/former-
candidate-martin-hyde-apologizes-after-video-confrontation-threat-
sarasota-officer/6936662001>.

John, Anett, y Kate Orkin, «Can Simple Psychological Interventions Increase Preventive Health Investment?», *Journal of the European*

Economic Association, vol. 20, n.º 3 (junio de 2022), pp. 1001-1047, <doi.org/10.1093/jeea/jvab052>.

Kahneman, Daniel, *Thinking, Fast and Slow*, Farrar, Straus and Giroux, 2011. [Hay trad. cast.: *Pensar rápido, pensar despacio*, Barcelona, Debolsillo, 2021].

Knowles, Beyoncé, «Beyoncé on Her Alter Ego, Sasha Fierce», entrevista con Oprah Winfrey, *The Oprah Winfrey Show*, Oprah Winfrey Network (OWN), 17 de agosto de 2019, <youtube.com/watch?v=4AA5G8vCl9w>.

Kopeikina, Luda, *La toma de decisiones adecuada*, Sant Andreu de Llavaneres, Barcelona, Leader Summaries, 2021.

Kross, Ethan, *Chatter: The Voice in Our Head, Why It Matters y How to Harness It*, Crown, 2021. [Hay trad. cast.: *Cháchara*, Barcelona, Paidós, 2021].

—, y Özlem Ayduk, «Chapter Two — Self-Distancing: Theory, Research y Current Directions», *Advances in Experimental Social Psychology*, vol. 55 (2017), pp. 81-136, <doi.org/10.1016/bs.aesp.2016.10.002>.

—, y Özlem Ayduk, «Facilitating Adaptive Emotional Analysis: Distinguishing Distanced-Analysis of Depressive Experiences from Immersed-Analysis and Distraction», *Personality and Social Psychology Bulletin*, vol. 34, n.º 7 (9 de mayo de 2008), pp. 924-938, <doi.org/10.1177/0146167208315938>.

—, *et al.*, «Self-Talk as a Regulatory Mechanism: How You Do It Matters», *Journal of Personality and Social Psychology*, vol. 106, n.º 2 (2014), pp. 304-324, <doi.org/10.1037/a0035173>.

Lally, Phillippa, *et al.*, «How Are Habits Formed: Modelling Habit Formation in the Real World», *European Journal of Social Psychology*, vol. 40, n.º 6 (2010), pp. 998-1009, <doi.org/10.1002/ejsp.674>.

Lambrey, Simon, *et al.*, «Imagining Being Somewhere Else: Neural Basis of Changing Perspective in Space», *Cerebral Cortex*, vol. 22, n.º 1 (2012), pp. 166-174, <doi.org/ 10.1093/cercor/bhr101>.

Leary, Mark R., *The Curse of the Self: Self-Awareness, Egotism and the Quality of Human Life*, Oxford University Press, 2007.

—, «Motivational and Emotional Aspects of the Self», *Annual Review of Psychology*, vol. 58 (enero de 2007), pp. 317-344, <doi.org/10.1146/an nurev.psych.58.110405.085658>.

Lee, Harper, *To Kill a Mockingbird*, J. B. Lippincott, 1960. [Hay trad. cast.: *Matar a un ruiseñor*, Barcelona, Lumen, 2025].

Lembke, Anna, *Dopamine Nation: Finding Balance in the Age of Indulgence*, Dutton, 2023. [Hay trad. cast.: *Generación dopamina*, Madrid, Urano, 2023].

Liberman, Nira, y Yaacov Trope, «The Role of Feasibility and Desirability Considerations in Near and Distant Future Decisions: A Test of Temporal Construal Theory», *Journal of Personality and Social Psychology*, vol. 75, n.º 1 (1998), pp. 5-18, <doi.org/10.1037/0022- 514.75.1.5>.

MacDonald, Geoff, y Mark R. Leary, «Why Does Social Exclusion Hurt? The Relationship Between Social and Physical Pain», *Psychological Bulletin*, vol. 131, n.º 2 (2005), pp. 202-223, <doi.org/10.1037/0033- 909. 131.2.202>.

Marco Aurelio, *Meditations*, traducido por Martin Hammond, Penguin Classics, 2014. [Hay trad. cast.: *Meditaciones*, Barcelona, Penguin Clásicos, 2025].

Marquet, L. David, *Leadership Is Language: The Hidden Power of What You Say — and What You Don't*, Portfolio, 2021.

—, *Turn the Ship Around!*, Portfolio, 2013. [Hay trad. cast.: *Cambia el barco de rumbo*, Barcelona, Conecta, 2016].

Mischkowski, Dominik, *et al.*, «Flies on the Wall Are Less Aggressive: Self-Distancing "in the Heat of the Moment" Reduces Aggressive Thoughts, Angry Feelings and Aggressive Behavior», *Journal of Experimental Social Psychology*, vol. 48, n.º 5 (septiembre de 2012), p. 1187, <doi.org/10.1016/j.jesp.2012.03.012>.

Moser, Jason S., *et al.*, «Third-Person Self-Talk Facilitates Emotion Regulation Without Engaging Cognitive Control: Converging Evidence from ERP and fMRI», *Scientific Reports*, vol. 7, n.º 4519 (2017), <doi.org/10.1038/s41598-017-04047-3>.

National Aeronautics and Space Administration, NASA, «The Challenger STS-51L Accident», consultado el 18 de junio de 2024, <nasa.gov/cha llenger-sts-51L-accident>.

National Transportation Safety Board, (NTSB), *Descent Below Visual Gli-depath and Impact with Seawall Asiana Airlines Flight 214, Boeing 777-200ER, HL7742 San Francisco, California July 6, 2013*, Aircraft Accident Report NTSB/AAR-14/01, Washington, DC, 2014.

Oliver, Emily J., *et al.*, «The Effects of Autonomy-Supportive Versus Controlling Environments on Self-Talk», *Motivation and Emotion*, vol. 32, n.° 3 (2008), pp. 200-212, <doi.org/10.1007/s11031-08-097-x>.

Pronin, Emily, «How We See Ourselves and How We See Others», *Science*, vol. 320, n.° 5880 (2008), pp. 1177-1180, <doi.org/10.1126/science.1154199>.

Rand, Paul, «The Science Behind Forming Better Habits, with Katy Milkman», *Big Brains Podcast*, University of Chicago Podcast Network, episodio 66, 9 de septiembre de 2021, <big-brains.simplecast.com/epi sodes/the-science-behind-forming-better-habits-with-katy-milkman-57ESaD_G>.

Rock, David, «Managing with the Brain in Mind», *Strategy+Business*, n.° 56 (2009), pp. 1-10, <strategy-business.com/article/09306>.

Ross, Michael, y Fiore Sicoly, «Egocentric Biases in Availability and Attribution», *Journal of Personality and Social Psychology*, vol. 37, n.° 3 (1979), pp. 322-336, <doi.org/10.1037/0022-3514.37.3.322>.

Rotblut, Charles, «Is the AAII Sentiment Survey a Contrarian Indicator?», *AAII (American Association of Individual Investors) Journal*, junio de 2013, <aaii.com/journal/article/is-the-aaii-sentiment-survey-a-contra rian-indicator>.

Sappenfield, Olivia, *et al.*, *National Survey of Children's Health Adolescent Mental and Behavioral Health, 2023*, HRSA Maternal and Child Health Bureau report, octubre de 2024, <mchb.hrsa.gov/sites/default/files/mchb/data-research/nsch-data-brief-adolescent-mental-behavioral-health-2023.pdf>.

Smriti, «What Happened to Digital Equipment Corporation?», *InspireIP*, blog, 2 de febrero de 2024, <inspireip.com/what-happened-to-digital-equipment-corporation>.

Streamer, Lindsey, *et al.*, «Not I, but She: The Beneficial Effects of Self-Distancing on Challenge/Threat Cardiovascular Responses», *Journal of Experimental Social Psychology*, vol. 70 (mayo 2017), pp. 235-241, <doi.org/10.1016/j.jesp.2016.11.008>.

Svenson, Ola, «Are We All Less Risky and More Skillful Than Our Fellow Drivers?», *Acta Psychologica*, vol. 47, n.º 2 (febrero de 1981), pp. 143-148, <doi.org/10.1016/0001-918(81)90005-6>.

Tillman, Rachel, «Simone Biles Reflects on Decision to Pull Out of Olympics: "It Was Too Much"», Spectrum News NY1, 28 de septiembre 2021, <ny1.com/nyc/all-boroughs/news/2021/09/28/simone-biles-opens-up-tokyo-olympics-decision>.

Ury, William, discurso «Go to the Balcony», ceremonia de graduación del Dawson College, Montreal, 2016, <williamury.com/nowithconvictio nizbedathanyes2plz/wp-content/uploads/Dawson_graduation_speech.pdf>.

Von, Theo, *This Past Weekend with Theo Von*, pódcast, episodio 460, «Jordan Peterson», 29 de agosto de 2023, 2:20:03, <podcasts.apple.com/us/podcast/jordan-peterson/id1190981360?i=1000626052367>.

Waitzkin, Josh, *The Art of Learning: An Inner Journey to Optimal Performance*, Simon and Schuster, 2008. [Hay trad. cast.: *El arte de aprender*, Madrid, Urano, 2007].

Waldinger, Robert, y Marc Schulz, «The Lifelong Power of Close Relationships», *The Wall Street Journal*, 13 de enero de 2023, <wsj.com/arti cles/the-lifelong-power-of-close-relationships-1673625450>.

Ware, Bronnie, *The Top Five Regrets of the Dying: A Life Transformed by the Dearly Departing*, Hay House, 2011. [Hay trad. cast.: *Los cinco mandamientos para tener una vida plena*, Barcelona, Debolsillo, 2013].

White, Rachel E., *et al.*, «The "Batman Effect": Improving Perseverance in Young Children», *Child Development*, vol. 88, n.º 5 (2016), pp. 1563-1571, <doi.org/10.1111/cdev.12695>.

World Health Organization, «Diarrhoeal Disease», 7 de marzo de 2024, <who.int/newsroom/fact-sheets/detail/diarrhoeal-disease>.

«Yaacov Trope, Professor of Psychology, Research», New York University, <as.nyu.edu/faculty/yaacov-rope.html>.

Yoon, Leehyun, *et al.*, «Hooked on a Thought: Associations Between Rumination and Neural Responses to Social Rejection in Adolescent Girls», *Developmental Cognitive Neuroscience*, vol. 64 (diciembre de 2023), p. 101320, <doi.org/10.1016/j.dcn.2023.101320>.

Yudkin, Daniel, y Tessa West, «How to Tell If You're the Office Jerk», *The Wall Street Journal*, 11 de junio de 2023, <wsj.com/articles/office-jerk-how-to-tell-9f69a49f>.

Zell, Ethan, *et al.*, «Splitting of the Mind: When the *You* I Talk to Is Me and Needs Commands», *Social Psychological and Personality Science*, vol. 3, n.º 5 (2012), pp. 549-555, <doi.org/10.1177/1948550611430164>.

Zweig, Jason, «Mirror, Mirror on the Wall, Who Knew That Stocks Would Fall?», *The Wall Street Journal*, 6 de diciembre de 2022, <wsj.com/articles/hindsight-bias-investing-1671206329>.

—, «Want to Beat the Stock Market? Avoid the Cost of "Being Human"», *The Wall Street Journal*, 14 de abril de 2023, <wsj.com/articles/active-vs-passive-index-fund-beat-the-stock-market-58e8bd83>.

«Para viajar lejos no hay mejor nave que un libro».

EMILY DICKINSON

Gracias por leer este libro.

En **penguinlibros.club** encontrarás las mejores recomendaciones de lectura.

Únete a nuestra comunidad y viaja con nosotros.

penguinlibros.club

Penguin
Random House
Grupo Editorial

penguinlibros